KLIMAKRISE

EINFACH VERSTEHEN!

WAS KANNST DU ZUR LÖSUNG BEITRAGEN?

Text:
Andy Prentice und Eddie Reynolds

Illustrationen:
El Primo Ramón

Klimaexperten:
Dr. Steven Smith und Dr. Ajay Gambhir

Gestaltung: Jamie Ball und Freya Harrison

Inhalt

Bedrohung für Mensch und Natur

Die Klimakrise ist eine der wichtigsten Herausforderungen des 21. Jahrhunderts. Sie hat Auswirkungen auf Menschen, Tiere, Pflanzen und Lebensräume. Wir erleben ein seit der Zeit der Dinosaurier noch nie dagewesenes Artensterben, da sich durch die Erderhitzung die Lebensbedingungen verändern. Natur- und Tierschutzorganisationen gehen davon aus, dass über eine Million Arten weltweit vom Aussterben bedroht sind. Klimaschutz geht uns alle an. Mach den ersten Schritt!

ES GIBT KEINE ZWEITE ERDE!
RETTET DIE TIERE!

Was ist das Klima?

Mit dem Begriff **Klima** ist in Zusammenhang mit der Klimakrise oft das gesamte **Klimasystem** unserer Erde gemeint – ein vernetztes, sich ständig veränderndes, kompliziertes Gefüge aus Luft, Meer, Eis, Land, Pflanzen und Tieren, welche in Wechselwirkung miteinander stehen.

Das Klima ist NICHT das Gleiche wie das Wetter.

Das **Wetter** sind Temperaturen, Regen und Wind an einem bestimmten Ort innerhalb eines kurzen Zeitraums (Stunden, Tage).

Klima ist das Wetter, das über einen langen Zeitraum (30 Jahre und mehr) an einem bestimmten Ort herrscht. Es ändert sich im Laufe der Zeit.

Das Klimasystem der Erde ist in einzelne Klimazonen unterteilt.

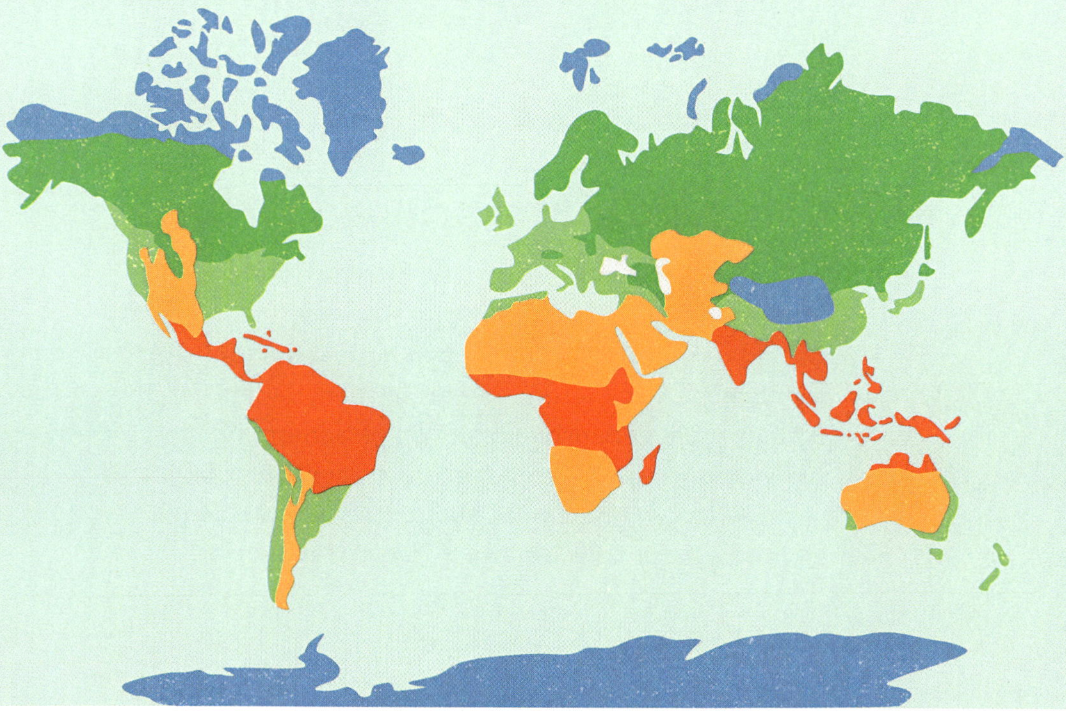

- **polare Zone:** durchgehend kalte Temperaturen
- **gemäßigte Zone:** ganzjährig milde Temperaturen
- **tropische Zone:** konstante warme Temperaturen
- **trockene Zone:** wenig Niederschlag
- **kontinentale Zone:** heiße Sommer und kalte Winter

Was ist die Klimakrise?

Der menschengemachte weltweite Klimawandel führt dazu, dass die durchschnittlichen Temperaturen auf der Erde rasant steigen. Die weltweite **Erderhitzung** verändert unseren Planeten und gefährdet uns Menschen und die Natur.

Da sich das Klima nur sehr langsam verändert und das Wetter jeden Tag anders ist, lässt sich schwer feststellen, dass die Erderhitzung GENAU JETZT stattfindet.

2020
Erderhitzung? Ziemlich kalt heute, wenn du mich fragst.

Aber es gibt keinen Zweifel, dass sich das Klima *tatsächlich* verändert.

So kalt ist es auch wieder nicht, Billy! Als ich klein war, konnten wir auf dem Berg dort Ski fahren, aber jetzt fällt kein Schnee mehr.

Wenn wir nichts unternehmen, um die Krise aufzuhalten, werden die Folgen immer SCHLIMMER.

2050
Als ich klein war, wohnten wir nicht hier oben auf dem Berg. Wir lebten da unten in der überfluteten Stadt.

Die gute Nachricht: Wir können noch viel tun, um die Krise zu stoppen.
Die schlechte Nachricht: Es ist SEHR schwer, alle Menschen zu überzeugen, zusammenzuarbeiten.

Wie ernst ist die Klimakrise?

Nicht alle Menschen sind sich in dieser Frage einig. Dieses Buch soll dazu beitragen, dir deine eigene Meinung zu bilden. Hast du die folgenden Behauptungen vielleicht schon einmal gehört?

Viele sind überzeugt, dass es die Klimakrise gibt.

Dani
Die Klimakrise ist die WICHTIGSTE Sache der Welt. Wir müssen alles tun, was wir können, um das Klima zu schützen. Zum Beispiel ...
... weniger Fleisch essen.
Weniger oft fliegen.
Die GRÜNDE erkläre ich dir später. Glaub es mir jetzt erst einmal, Ben!
KLIMA-GERECHTIGKEIT!

Viele haben schon von der Klimakrise oder dem Klimawandel gehört. Aber vielleicht wissen sie nicht, was sie dagegen tun können, oder das Thema ist ihnen egal.

Ben
Meine kleine Schwester übertreibt WIE IMMER! *So* schlimm wird es schon nicht werden.
Ich kann ja auch nicht viel daran ändern.
Außerdem mag ich Hamburger und fliege gern weit weg.
Schmatz!
Schmatz!
Schmatz!

Andere behaupten, dass es überhaupt keine Krise gibt.

Papa
Das Klima der Erde wechselt immer wieder. Ich habe gestern einen Podcast darüber gehört.
Überlegt doch einmal! Es gibt kalte und heiße Tage, und das war schon immer so. Wir müssen uns keine Sorgen machen.
Krise? *Welche* Krise?

Um ganz ehrlich zu sein, sind die Autoren dieses Buchs (mehr oder weniger) Danis Meinung. Es muss noch viel mehr Menschen bewusst gemacht werden, dass die Klimakrise uns und die Natur bedroht, damit sie ihr Verhalten ändern. Das ist keine leichte Aufgabe.

Das Wort „Krise“ kommt vom griechischen Wort *krísis*, was ursprünglich „Entscheidung“ bedeutet. Wir alle müssen angesichts der Krise *tiefgreifende* Entscheidungen treffen.

Manche Entscheidungen betreffen nur uns selbst.

Soll ich baden oder lieber duschen?

Darf ich mir jedes Jahr ein neues Handy kaufen?

Soll ich noch ein Kind bekommen?

Andere Entscheidungen betreffen ganze Länder. Wir müssen sie mit allen anderen gemeinsam treffen.

Sollen Unternehmen für die von ihnen verursachte Umweltverschmutzung bezahlen?

Sollen Dieselfahrzeuge verboten werden?

Sollen reiche Länder den armen Ländern helfen, in saubere Energie zu investieren?

Um gute Entscheidungen treffen zu können, musst DU wirklich verstehen, worum es geht.

2020

1. Kapitel: Die Grundlagen

Klimawissenschaftler machen klar, dass es für den Schutz des Klimas schnelle und machbare Maßnahmen braucht. Dafür müssen wir – *du* eingeschlossen – erst einmal *verstehen*, wie sich das Klima verändert und welche Folgen das für Mensch und Natur hat.

Warum lässt du uns nicht in Ruhe unser Picknick genießen, Dani?
Genau! Wen kümmert es, wenn es ein bisschen wärmer wird? Weniger Regen wäre sogar ganz angenehm.
Bitte hört mir einfach zu, dann erkläre ich es euch.

Unser Klima

Die Menschheit existiert seit mehr als 200 000 Jahren. Wenn die gesamte Geschichte der Erde einen Tag lang wäre, würden wir Menschen erst in den letzten vier Sekunden auf der Bildfläche erscheinen.

Das derzeitige Klima fühlt sich für uns normal an. Wissenschaftler, die das Klima der Vergangenheit untersuchen (sogenannte Paläoklimatologen) haben jedoch erkannt, dass es überhaupt kein *normales* Klima gibt.
ZIEL: 4,3 Milliarden Jahre in der Vergangenheit
Gehen wir auf Entdeckungsreise!

Es gab Klimazeiten auf der Erde, in denen kein Leben möglich war. In den ersten knapp 500 Millionen Jahren herrschten Temperaturen von 200 bis 500 °C.
Geh nicht nach draußen! Es ist viel zu heiß.
Tiere und Pflanzen brauchen **Sauerstoff**, um zu überleben. Damals gab es keinen Sauerstoff und auch noch kein Leben.
vor 4,6 Mrd.* Jahren ⟷ vor 4 Mrd. Jahren

In manchen Phasen war die Erde fast vollständig mit Eis bedeckt ...
Huch!
vor 720 Mio.** J. ⟷ vor 630 Mio. Jahren

... oder es gab gar kein Eis.
Ooh, Palmen!
Ja, sogar in Antarktika.
vor 56 Mio. J. ⟷ vor 52 Mio. Jahren

* Mrd. = Milliarden
** Mio. = Millionen

Was die Erde wärmer oder kälter werden lässt und Leben auf unserem Planeten erst möglich macht, ist die *Atmosphäre*. Diese dünne Schicht aus Gasen umgibt die Erde wie eine Hülle.

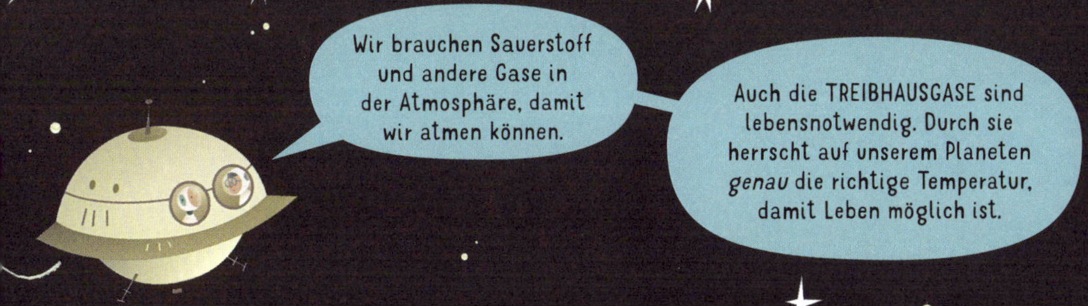
Wir brauchen Sauerstoff und andere Gase in der Atmosphäre, damit wir atmen können.
Auch die TREIBHAUSGASE sind lebensnotwendig. Durch sie herrscht auf unserem Planeten *genau* die richtige Temperatur, damit Leben möglich ist.

So wirken die Treibhausgase:

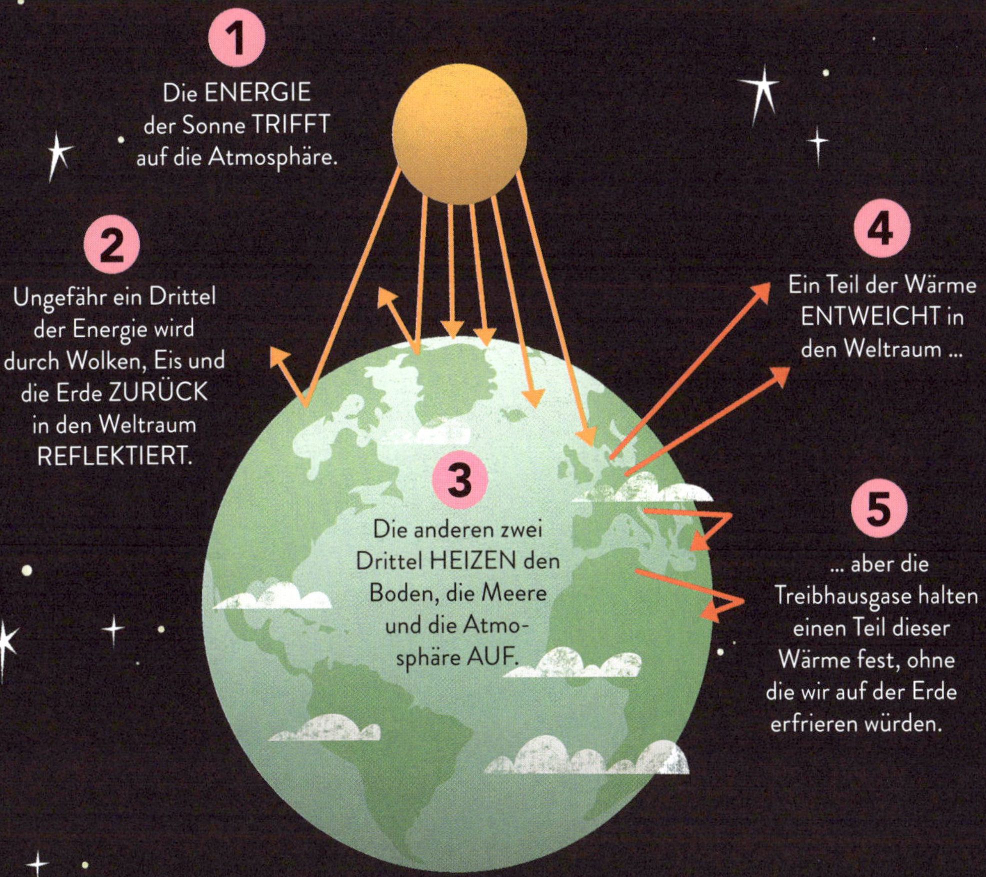
1
Die ENERGIE der Sonne TRIFFT auf die Atmosphäre.
2
Ungefähr ein Drittel der Energie wird durch Wolken, Eis und die Erde ZURÜCK in den Weltraum REFLEKTIERT.
3
Die anderen zwei Drittel HEIZEN den Boden, die Meere und die Atmosphäre AUF.
4
Ein Teil der Wärme ENTWEICHT in den Weltraum ...
5
... aber die Treibhausgase halten einen Teil dieser Wärme fest, ohne die wir auf der Erde erfrieren würden.

Die Erhitzung der Erdoberfläche ist ein natürlicher Vorgang und wird als **TREIBHAUSEFFEKT** bezeichnet.

Kohlendioxid

Es gibt verschiedene Treibhausgase, von denen **Kohlendioxid (CO_2)** die größte Bedeutung für den natürlichen Treibhauseffekt hat. Ein Anstieg an CO_2 in der Atmosphäre verstärkt den Effekt.

Lebewesen geben CO_2 ab oder *emittieren* es, andere wiederum nehmen es auf oder *absorbieren* es.

Alle Tiere, Pflanzen und winzige Lebensformen, sogenannte Mikroben, geben CO₂ ab. Dieser Prozess wird als Atmung oder **Respiration** bezeichnet.
Pflanzen nehmen CO₂ aus der Luft auf, um zu wachsen.
Wir stoßen CO₂ aus, wenn wir ausatmen.
Im Erdboden ist eine Menge Kohlenstoff gespeichert.
Meere speichern einen großen Teil des CO₂ aus der Luft.

Kohlenstoffsenken

CO_2 enthält das chemische Element **Kohlenstoff**. Wissenschaftler bezeichnen natürliche Reservoire, die große Mengen an Kohlenstoff aufnehmen, als **Kohlenstoffsenken**. Böden, Wälder und Ozeane sind RIESIGE Kohlenstoffsenken.

Tief im Erdboden gibt es weitere Kohlenstoffsenken, die sogenannten **fossilen Brennstoffe**. Sie kommen in unterschiedlichen Formen vor, zum Beispiel als ...

Kohle
Erdgas
Rohöl

Fossile Brennstoffe bestehen aus Überresten von Pflanzen und Tieren, die vor Millionen Jahren starben. Sie wurden zusammengepresst als neue Erdschichten sich über ihnen ablagerten.

Der Kohlenstoff-Kreislauf

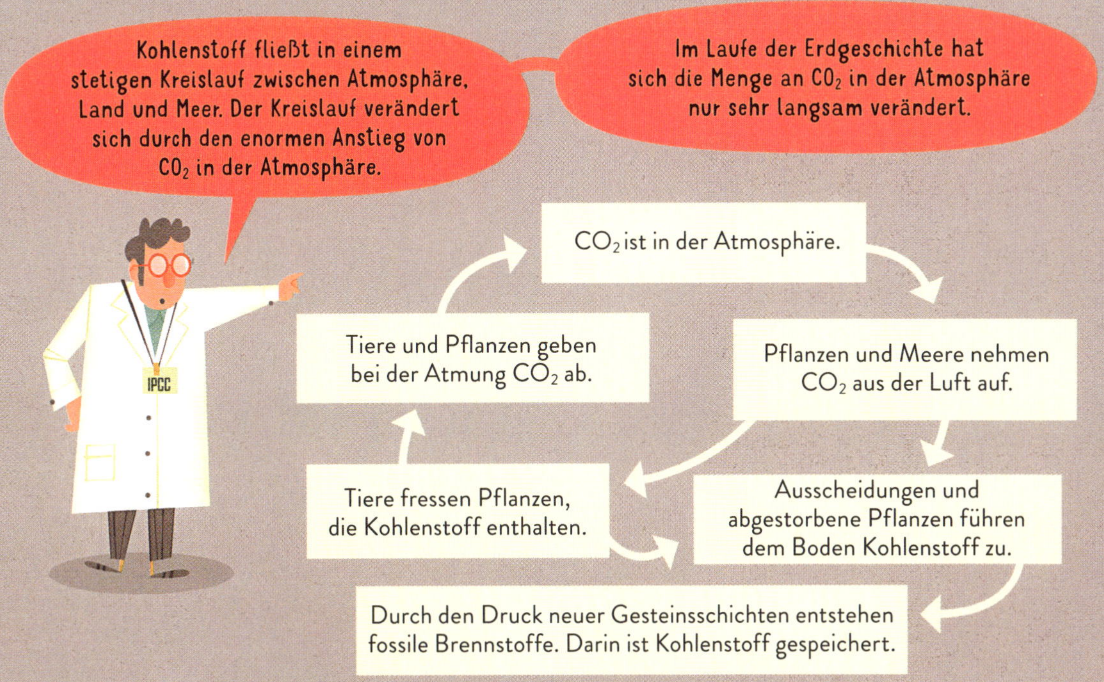

Kohlenstoff fließt in einem stetigen Kreislauf zwischen Atmosphäre, Land und Meer. Der Kreislauf verändert sich durch den enormen Anstieg von CO_2 in der Atmosphäre.
Im Laufe der Erdgeschichte hat sich die Menge an CO_2 in der Atmosphäre nur sehr langsam verändert.
CO_2 ist in der Atmosphäre.
Pflanzen und Meere nehmen CO_2 aus der Luft auf.
Ausscheidungen und abgestorbene Pflanzen führen dem Boden Kohlenstoff zu.
Tiere fressen Pflanzen, die Kohlenstoff enthalten.
Tiere und Pflanzen geben bei der Atmung CO_2 ab.
Durch den Druck neuer Gesteinsschichten entstehen fossile Brennstoffe. Darin ist Kohlenstoff gespeichert.
IPCC

Was passiert jetzt gerade?

Die Temperaturen auf der Erde sind in den letzten hundert Jahren sehr schnell angestiegen, da viel mehr CO_2 in der Atmosphäre enthalten ist als je zuvor. *Mehr* CO_2 führt dazu, dass *mehr* Wärme auf der Erde festgehalten wird. Woher kommt das CO_2?

Wir fördern fossile Brennstoffe und VERBRENNEN sie. Wir ZERSTÖREN Kohlenstoffsenken, indem wir beispielsweise Wälder abholzen. Durch die Erderwärmung TAUEN Permafrostböden AUF und geben das darin gespeicherte CO_2 ab.
IPCC

Nicht nur CO_2

Kohlendioxid hat von allen Treibhausgasen den größten Einfluss auf die Erderhitzung. Das liegt daran, dass wir SO VIEL davon freisetzen. Seit einigen Jahren steigen aber auch die Werte von Methan und anderen Treibhausgasen in der Atmosphäre stark an.

Welche sind die *anderen* Gase?

Methan (CH_4) wird freigesetzt ...

... bei der Zersetzung von organischem Material in Mülldeponien.

... bei der Aufbereitung von Abwasser in Trinkwasser.

... bei der Förderung fossiler Brennstoffe.

... beim Anbau von Reis.

... durch die Ausscheidungen von Rindern.

Distickstoffmonoxid (N_2O) – auch bekannt als Lachgas – entsteht ...

... beim Einsatz von Kunstdünger in der Landwirtschaft.

... bei der Verbrennung fossiler Brennstoffe.

... bei der Produktion bestimmter Chemikalien.

Fluorierte Treibhausgase oder **F-Gase** werden hergestellt ...

... als Kältemittel in Klimaanlagen.

... als Treibmittel in Sprühdosen und für Feuerlöscher.

... für die Produktion von Kühlschränken.

Diese Gase heizen die Erde unterschiedlich stark auf. Wissenschaftler nennen den Einfluss, den jedes dieser Gase auf das Klimasystem hat, **Strahlungsantrieb**.

Der Wert des Strahlungsantriebs eines Gases hängt davon ab, wie LANGE das Gas in der Atmosphäre bleibt, wie VIEL davon vorhanden ist und wie WIRKSAM es die Wärme auf der Erde festhält.

Gesundheitsbelastende Luftverschmutzung

Durch das Verbrennen von fossilen Brennstoffen werden neben CO_2 auch viele weitere Luftschadstoffe emittiert. Im Gegensatz zu den Treibhausgasen, die viele Jahre in der Atmosphäre bleiben, sind diese Gase kurzlebig, haben aber ebenso negative Folgen für das Klima und belasten zudem unsere Atemwege.

Schwefel und Stickoxide

Diese Gase entstehen hauptsächlich bei der Verbrennung fossiler Brennstoffe, insbesondere von Kohle, Diesel und Treibstoffen für Schiffe und Flugzeuge.

Ozon (O_3)

Ozon wird nicht direkt von Menschen freigesetzt. Es entsteht, wenn andere Treibhausgase in der Luft miteinander reagieren.

Ruß

Waldbrände, mit Diesel betriebene Fahrzeuge und Kohlekraftwerke erzeugen den Luftschadstoff Feinstaub.

Wenn wir die Schadstoffe deutlich reduzieren, verbessern wir die Luftqualität und damit die GESUNDHEIT der Menschen.

Wie die Menge an CO_2, haben auch die Anteile von CH_4, N_2O und F-Gasen in der Atmosphäre im letzten Jahrhundert MASSIV zugenommen. *Zum Teil* liegt darin der Grund für die Erhitzung der Erde.

Begonnen hat jedoch alles mit CO_2. Die Krise wäre niemals so schlimm geworden, wenn die Menschen nicht angefangen hätten, in großem Umfang fossile Brennstoffe zu nutzen.

Vorteile fossiler Brennstoffe

Wenn fossile Brennstoffe verbraucht werden, setzen sie eine enorme Menge an ENERGIE frei. Diese Energie wird erst seit rund 200 Jahren genutzt. Das hat die Welt stark verändert.

Davor nutzten die Menschen die Muskelkraft von Arbeitstieren und Feuer als Energiequellen. Beim Verbrennen von Holz wird aber nicht viel Energie erzeugt und es ist sehr schmutzig.

Ich lebe in keiner sauberen Zeit.

Als Holz der wichtigste Brennstoff war, war Arbeit körperlich sehr anstrengend; es gab nicht sehr viele verschiedene Berufe und die meisten Menschen lebten in Armut.

Aua, mein Rücken! Ich muss aber noch mehr Holz hacken.

Während der Zeit der industriellen Revolution vor ungefähr 200 Jahren entdeckten die Menschen die Nutzung fossiler Energieträger, zum Beispiel Kohle, für die maschinelle Herstellung von Produkten und für den Transport. Vieles ging nun schneller und einfacher.

Vor fossilen Brennstoffen	Die meisten Dinge wurden von Hand hergestellt.	Man bewegte sich in Pferdekutschen fort.
Mit fossilen Brennstoffen	Wir können Maschinen mit Strom betreiben, um Produkte herzustellen.	Wir nutzen neue Motorfahrzeuge, zum Beispiel Flugzeuge und Autos.

Die flächendeckende Nutzung fossiler Brennstoffe hat zum größten Anstieg des Lebensstandards geführt, den die Welt je erlebt hat.

Seit 1950 ist der weltweite Lebensstandard *explosionsartig* angestiegen. Diese Entwicklung wird als GROSSE BESCHLEUNIGUNG bezeichnet.

Nachteile fossiler Brennstoffe

Die Förderung und Verbrennung fossiler Brennstoffe setzt Treibhausgase frei, die in die Atmosphäre aufsteigen. Mit der zunehmenden Emission von CO_2 und anderen Gasen steigt auch die Temperatur der Erde.

Autos, Schiffe und Flugzeuge verbrauchen **fossile Brennstoffe**. → Es gibt über eine Milliarde Autos auf der Welt. Jedes Jahr fliegen 4 Milliarden Passagiere mit dem Flugzeug. →

Das verursacht sehr viel Treibhausgase.

Lampen, Computer, Handys und viele andere Maschinen verbrauchen **Strom**. → 66 % des Stroms kommt aus Kraftwerken, die Elektrizität erzeugen, indem sie *fossile Brennstoffe verbrennen*. →

Das verursacht noch mehr Treibhausgase.

Im Jahr 2020 lebten 7,8 Milliarden Menschen auf der Erde – viermal mehr als vor 100 Jahren. Das erhöht den Verbrauch von Energie und fossilen Brennstoffen. Der Bedarf an Nahrung und Wohnraum steigt.

Viele Menschen trinken Milch und essen Fleisch, Käse und Joghurt. → Nutztiere, insbesondere Kühe und Schafe, fressen Gras und produzieren Methan. →

Es gibt mehr Kühe als Autos auf der Welt. Das ergibt SEHR VIEL Methan.

Für neue Siedlungen holzen wir VIEL MEHR Wald ab als früher. → Jeder Baum, der gefällt wird, kann KEIN CO_2 mehr aus der Luft AUFNEHMEN. →

Durch die Zerstörung natürlicher Kohlenstoffsenken wird gespeichertes CO_2 FREI.

Beinahe ALLES, was wir tun, steigert die Emission von Treibhausgasen. Die dadurch verursachte Erderhitzung hat BEREITS JETZT Auswirkungen auf den ganzen Planeten.

Was passiert jetzt gerade?

Jetzt gerade wird das Klima der Erde immer wärmer. Im Durchschnitt ist es heute 1 °C wärmer als vor 170 Jahren (an manchen Orten sogar noch wärmer). Diese Veränderung klingt vielleicht nach wenig, hat jedoch bereits enorme Auswirkungen.

November 2018
Wir berichten live aus Kalifornien, USA, wo bei den jüngsten Waldbränden über 18 000 Häuser niedergebrannt sind.
KRISE!
KRISE!
Wenn alle Bäume sterben, in denen wir nisten, dann sterben wir auch.
KRISE!
Viele Meeresbewohner können unter diesen Bedingungen nicht überleben.
KRISE!
Der Regen, den wir dringend brauchen, ist in diesem Jahr ausgefallen.

Waldbrände und andere Naturkatastrophen sind verheerender und dauern länger.

Der Ort, an dem ein Tier lebt, ist sein **Lebensraum**. Der Klimawandel und die Aktivitäten der Menschen bedrohen die Lebensräume oder haben sie bereits zerstört.

Die Meere absorbieren *zusätzliches* CO_2. Dadurch werden sie säurehaltiger.

In manchen Gebieten regnet es weniger, wodurch die Vorräte an Frischwasser austrocknen. Es kommt zu **Dürreperioden**. Das erschwert es sehr, Nutzpflanzen anzubauen und genug Wasser zum Trinken zu finden.

Auf der ganzen Welt schrumpfen Gletscher und große Eisflächen.
Das schmelzende Eis lässt den Meeresspiegel ansteigen.
Wichtige Süßwasserspeicher gehen verloren.
In den 1990er-Jahren verlor Grönland pro Jahr über 30 Milliarden Tonnen Eis. In den letzten zehn Jahren schmolz das Eis hier beinahe *achtmal* so schnell.
KRISE!
KRISE!
Extremwetter wie Hitzewellen oder Überschwemmungen werden immer verheerender.
Mein Dorf in Bangladesch wurde weggeschwemmt.
Der Meeresspiegel ist heute 20 cm höher als im Jahr 1880. Er steigt derzeit um beinahe 4 mm pro Jahr an.
Das Meer um die Insel, auf der wir leben, steigt immer höher. Vielleicht können wir hier bald nicht mehr leben.
KRISE!

Woher wissen wir, dass es wärmer wird?

Wissenschaftler haben die Temperaturen auf der Erde für die letzten 170 Jahre berechnet. Ihre Daten zeigen, dass die durchschnittliche Temperatur jedes Jahr ein wenig schwankt. In der Grafik unten steht jeder Streifen für eins der 170 Jahre. Blaue Streifen sind kälter als der Durchschnitt. Rote Streifen sind wärmer. Je dunkler die rote Farbe, desto heißer war das Jahr.

1850
Jetzt
Du siehst, dass sich 18 der 19 wärmsten Jahre seit Beginn der Aufzeichnungen nach 2001 ereignet haben.
Dieses Phänomen wird als ERDERHITZUNG bezeichnet.
IPCC
IPCC

Diese Grafik wurde gestaltet von:
http://www.showyourstripes.info.

Heißer und heißer

Die globale Erhitzung ist nicht nur auf die Treibhausgase zurückzuführen. Das Klima selbst reagiert in einer Weise, die die Erwärmung noch verstärkt. Dazu gehört zum Beispiel, wie viel Energie der Sonne absorbiert und wie viel reflektiert wird. Die **Albedo** ist das Maß für das Rückstrahlvermögen von Oberflächen.

Die Albedo ist AUSGESPROCHEN wichtig. Je weniger Energie die Erde reflektiert, desto mehr erwärmt sich ihre Oberfläche.
IPCC
Gletscher

Helle Objekte wie Wolken oder das Eis der Gletscher haben eine *hohe* Albedo und **REFLEKTIEREN** viel Energie. Eine hohe Albedo ist also entscheidend für das Klima.

Dunklere Objekte, wie Meere oder Wälder, haben eine *niedrige* Albedo und **ABSORBIEREN** mehr Strahlung.

Rückkopplung

Durch das Schmelzen von Eis und Schnee werden die Flächen mit einer hohen Albedo kleiner und verändern sich im Laufe der Zeit zu Gebieten mit einer niedrigen Albedo, was zu einem weiteren Temperaturanstieg führt.

Dadurch schmilzt noch mehr Eis, was weitere Flächen mit niedriger Albedo erzeugt, was wiederum die Erhitzung ansteigen lässt ...

... UND SO WEITER.

Wenn sich ein Effekt durch sich selbst verstärkt, spricht man von **positiver Rückkopplung**, wie hier die immer schneller ansteigenden Temperaturen durch den Wegfall von Eis und Schnee als Reflexionsflächen.

Tipping-Points

Normalerweise verändert sich das Klima ganz langsam oder gar nicht. Manchmal kann jedoch eine kleine Veränderung einen sogenannten **Tipping-Point** oder **Kipppunkt** auslösen. Dann ereignen sich in kurzer Zeit drastische Veränderungen – und eine Umkehr ist nur schwer möglich.

Es ist so ähnlich, als würdest du eine Vase ganz langsam in Richtung Tischkante schieben. Nichts passiert ...

... bis etwas passiert.

Ein Tipping-Point des Erdklimas wurde möglicherweise in der Arktis überschritten.

Der Boden unter meinen Füßen ist das ganze Jahr gefroren. Der Dauerfrostboden wird auch als PERMAFROST bezeichnet.

Permafrostböden setzen sich überwiegend aus abgestorbenen Pflanzen zusammen, die sich nicht zersetzen, weil sie tiefgefroren sind. Die Zersetzung kommt in Gang, sobald der Boden auftaut. Dabei werden CO_2 und Methan freigesetzt. Das ist einer der wichtigsten Tipping-Points der Klimaerwärmung.

Wenn ein bestimmter Punkt überschritten ist, lässt sich der Tauvorgang nur sehr schwer wieder rückgängig machen. Das liegt an einer WEITEREN Rückkopplung.

Durch die Freisetzung von mehr Treibhausgasen wird die Erde wärmer, wodurch noch mehr Permafrostboden auftaut ...

... was wiederum mehr Treibhausgase freisetzt ...

... UND SO WEITER.

Wie viel Permafrostboden wird tauen?

Nicht der gesamte Boden. Bis zum Jahr 2100 soll das Auftauen von Permafrostböden 30 Mal mehr Treibhausgase freisetzen als im Jahr 2020 produziert wurden.

Das Klima ist ein vielschichtiges System

Das Klima ist wie ein **umfassendes** und **eng verknüpftes Netzwerk**, in dem sich alle Elemente wechselseitig beeinflussen, wie es das Diagramm veranschaulicht.

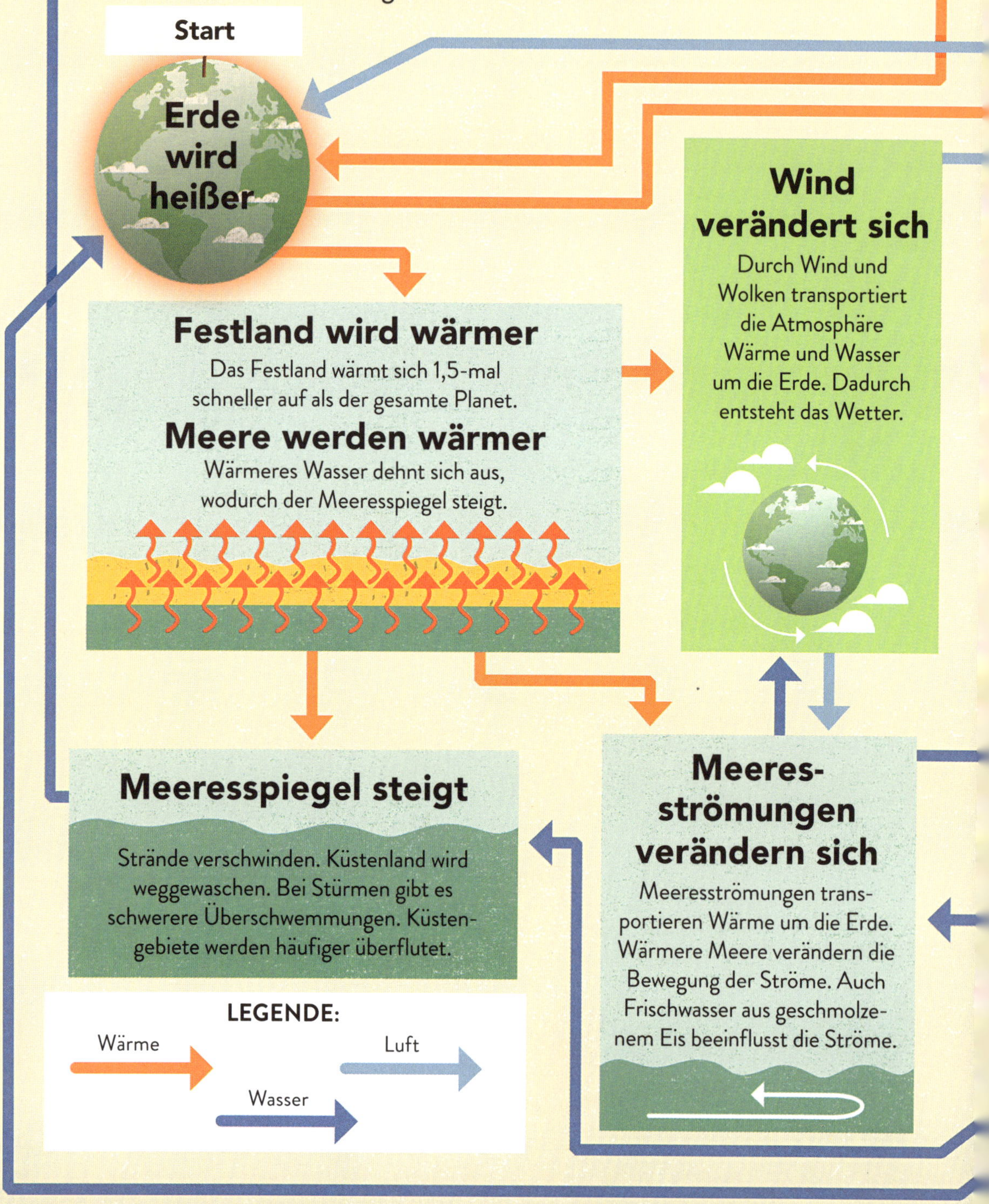

Start
Erde wird heißer
Festland wird wärmer
Das Festland wärmt sich 1,5-mal schneller auf als der gesamte Planet.
Meere werden wärmer
Wärmeres Wasser dehnt sich aus, wodurch der Meeresspiegel steigt.
Wind verändert sich
Durch Wind und Wolken transportiert die Atmosphäre Wärme und Wasser um die Erde. Dadurch entsteht das Wetter.
Meeresspiegel steigt
Strände verschwinden. Küstenland wird weggewaschen. Bei Stürmen gibt es schwerere Überschwemmungen. Küstengebiete werden häufiger überflutet.
Meeresströmungen verändern sich
Meeresströmungen transportieren Wärme um die Erde. Wärmere Meere verändern die Bewegung der Ströme. Auch Frischwasser aus geschmolzenem Eis beeinflusst die Ströme.
LEGENDE:
Wärme
Luft
Wasser

Wolken verändern sich

Wolkenmuster reagieren sehr empfindlich auf die Veränderungen von Meeren und Wind. Veränderte Wolken beeinflussen Niederschlag und Albedo der Erde.

Mehr Niederschläge an vielen Orten

Erderhitzung erhöht die Wahrscheinlichkeit von extremen Regenfällen. Wärmere Luft kann mehr Wasser halten.

Mehr Überflutungen

Verlust von Kohlenstoffsenken

Heißeres, trockeneres Wetter an vielen Orten

Hitzewellen werden wahrscheinlicher und dauern länger an. Heißes, feuchtes Wetter ist besonders gefährlich.

Waldbrände

Feuer brechen schneller aus und dauern länger an, wenn es heißer und trockener ist.

Gletscher schmelzen

Gletscher versorgen viele Flüsse mit Wasser. Wenn das Eis schmilzt, verändern sich die Flussläufe. Mehr Wasser fließt in die Meere.

Wassermangel

Weniger Wasser aus Regenfällen und Flüssen führt zu längeren Dürren.

WOW! Das Klima ist wirklich faszinierend. Und wie beeinflusst es unser Leben?

Ein hoher Preis

Welchen Einfluss hat die Klimakrise auf *dein* Leben? Die Antwort hängt stark davon ab, wo du auf der Erde lebst. Viele Menschen *sind bereits* von der Krise betroffen, vor allem in den ärmsten Ländern. Im Laufe der Zeit werden immer mehr Menschen unter der Krise leiden.

Gesundheit

An vielen Orten wird die Gesundheit der Menschen neuen Bedrohungen ausgesetzt sein.

Bleib nicht zu lange draußen. Es ist gefährlich!

Man rechnet damit, dass es in Teilen von Nordindien und in anderen Gebieten unerträglich heiß werden wird. Wenn Luftfeuchtigkeit und Temperaturen eine bestimmte Grenze übersteigen, kann sich der Körper nicht mehr genug abkühlen, um längere Zeit zu überleben.

Hmmm ... diese Krankheit habe ich in Europa noch nie gesehen.

Mit der Veränderung des Klimas gibt es auch mehr Gebiete, in denen man sich bestimmte Krankheiten zuziehen kann. Zum Beispiel könnte sich die Krankheit Malaria, die in warmen Gebieten von Mücken übertragen wird, viel weiter ausdehnen und noch mehr Menschen infizieren.

Jobs und Arbeit

Der Klimawandel wird es für viele Menschen unmöglich machen, zu arbeiten und Geld zu verdienen.

Ich kann hier nicht mehr arbeiten.

Zahlreiche Untersuchungen prophezeien, dass die höchsten Kosten der Klimakrise dadurch verursacht werden, dass die Menschen nicht mehr arbeiten können, vor allem im Freien.

Dürren

In Gebieten, die heißer und trockener werden, wird es weniger Wasser geben.

Ohne Wasser können wir nichts ernten. Ohne Ernte haben wir nichts zu essen.
Knurr!

Wissenschaftler sagen voraus, dass Zentralamerika und der Südwesten der USA sowie Länder um das Mittelmeer herum am meisten von Dürren betroffen sein werden.

Migration und Gewalt

Viele Menschen werden umsiedeln oder **migrieren** müssen, um gefährlichen Veränderungen zu entkommen.

Fidschi, Pazifischer Ozean

Unsere Insel versinkt! Der Meeresspiegel steigt immer weiter.
Wir müssen wegziehen, bevor es zu spät ist.
Aber wie? Und wohin?
Hier dürft ihr nicht rein!
GRENZKONTROLLE

Mangel an Wohnraum, Nahrung und Wasser kann eine ohnehin schwierige Situation weiter verschärfen. Wenn es keine guten Pläne gibt, diese Grundversorgung gerecht zu teilen, beginnen die Menschen möglicherweise, darum zu KÄMPFEN.

Ängste

Voraussagen wie diese hier machen vielen Menschen Angst. Der Stress und die Ungewissheit wirken sich vor allem auf Kinder negativ aus.

Verstehst du, warum der bloße Gedanke daran mich traurig macht?
Ja, total. Ich mache mir auch sehr große Sorgen.

In diesem Buch findest du viele Anregungen, wie du die Klimakrise aktiv und engagiert angehen kannst. Es gibt bereits viele Menschen, die daran arbeiten, die Krise zu bewältigen ...

Wie können wir die Krise bewältigen?

Ein derart kompliziertes Problem kann nur mithilfe von vielen verschiedenen Menschen gelöst werden. Nicht alle sind Klimawissenschaftler oder Fachleute, auch viele andere leisten einen wichtigen Beitrag.

Die Wissenschaftler

Ich erstelle mithilfe von Berechnungen Voraussagen.
IPCC
Wenn es mir gelingt, genauere Prognosen zu erstellen …
… verstehen wir besser, welche Probleme wir bewältigen müssen.
Ich untersuche Eis.
Durch den Vergleich der Klimadaten von Eisschichten …
… kann ich besser erkennen, wie sich das Klima verändern könnte.
Ich erforsche Pflanzen.
Wenn ich neue Reissorten entwickle, die in heißem Wetter wachsen …
… können wir die Menschen auf einem immer wärmer werdenden Planeten ernähren.
Ich untersuche, wie sich die Meinungen von Menschen verändern lassen.
Menschen denken bei ihren Entscheidungen oftmals nur an sich …
… daher untersuche ich, wie sie davon überzeugt werden können, besser zusammenzuarbeiten.

Ich entwickle neue Technologien.
Wir könnten Motoren bauen, die keine Treibhausgase ausstoßen.
Ich untersuche Meeresströmungen.
Meere, Festland und Wetter sind miteinander verknüpft.
Je mehr wir über dieses komplexe System wissen, desto besser.
Ich untersuche Kohlendioxid.
IPCC
Um die Erde künstlich zu kühlen, müssen wir einen Teil des CO_2 aus der Atmosphäre entfernen.
Ich entwickle wirksame Technologien, die das leisten.

Aber es müssen wirklich ALLE mitmachen.

Ich passe mein Haus entsprechend an.
Meine Firma soll umweltfreundlich sein.
Wir treffen Entscheidungen, die mehrere Länder betreffen.
Menschen wie du und ich
Unternehmer
politisch Verantwortliche
Wenn ich das richtige Baumaterial verwende und Rollläden einbaue …
… bleibt es auch bei heißem Wetter im Haus kühl.
Ich entwickle künstliches Fleisch, damit wir weniger Kühe brauchen.
Warum machen wir es nicht teurer, fossile Brennstoffe zu fördern und zu nutzen?
Wir könnten Belohnungen für den Kauf von schadstofffreien Autos vergeben.
Was für tolle Ideen!
WIR WOLLEN VERÄNDERUNG!
Wir wollen das Verhalten der Menschen ändern.
KLIMA-GERECHTIGKEIT!
Was kann ich tun?
Aktivisten
DU!

Zunächst ist es am Wichtigsten, dass alle – auch du – besser verstehen, was gerade passiert. Im Buch findest du viele WEITERE Informationen über die Klimakrise. Du erfährst, was du jetzt sofort tun kannst und was später möglich ist.

2. Kapitel: Gibt es wirklich eine Klimakrise?

Es gibt viele verschiedene Meinungen darüber, ob der Klimawandel wirklich *stattfindet*, wie *bedrohlich* die Lage ist und was wir *tun* können.

Forschungsteams führen Studien durch und werten deren Ergebnisse aus, um den aktuellen Stand der Klimaforschung darzustellen. Trotz der Fakten gibt es Klimaskeptiker, die die Klimakrise in Zweifel ziehen oder sie sogar leugnen.

Ich halte das alles für etwas ÜBERTRIEBEN.
Gibt es nicht auch die Theorie, dass alles durch kosmische Strahlung verursacht wird?
ECHT JETZT?!

Begründete Zweifel?

Manche halten die Warnungen der Klimaaktivisten für übertrieben, unnötig oder einfach falsch, während die Wissenschaft den Klimawandel inzwischen als unstrittig ansieht.

Wird es nicht einfach wärmer, weil wir eine Eiszeit hinter uns haben?
PAPA! HÖRST DU MIR DENN GAR NICHT ZU?!
Papa, lass sie in Ruhe! Dani, immer fällst du auf ihn rein!

Die folgenden widersprüchlichen Behauptungen über die Klimakrise sind oft zu hören:

Das Klima hat sich schon immer verändert. Das ist ein NATÜRLICHER Kreislauf.

Die Menschheit wird bis 2030 unter den Folgen des Klimawandels zusammenbrechen.

Das Klima ändert sich, weil KOSMISCHE STRAHLEN aus dem All auf die Erde treffen. Fossile Brennstoffe haben damit nichts zu tun.

Die Klimavorhersagen sind UNZUVERLÄSSIG.

Wenn wir das 1,5°C-Ziel nicht erreichen, wird der Klimawandel nicht mehr aufzuhalten sein.

Nicht mal die WISSENSCHAFTLER sind sich über die Klimakrise EINIG.

Wer seine Meinung öffentlich äußert, sollte sie beweisen oder begründen können. Unbelegte oder falsche Behauptungen sind nur irreführend.

Ist die Fachwelt einer Meinung?

Da viele Menschen verschiedene Meinungen über den Klimawandel haben, sieht es so aus, als gäbe es auch unter Experten keine Einigkeit über die Ursachen der Krise. Aber die wissenschaftliche Diskussion gehört zur Forschungsarbeit dazu.

Wie viel Prozent der Menschen glauben, dass sich Klimawissenschaftler über die Ursachen des Klimawandels einig sind?

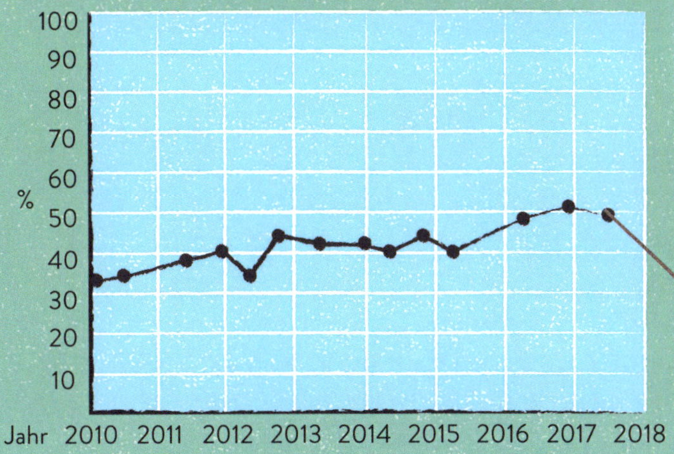

%
100
90
80
70
60
50
40
30
20
10
Jahr
2010
2011
2012
2013
2014
2015
2016
2017
2018

Diese Daten stammen aus einer öffentlichen Umfrage. Nur 50 % der Menschen denken, dass sich Klimawissenschaftler darüber einig sind. Aber das STIMMT NICHT.
IPCC

Die Auswertung wissenschaftlicher Studien beweist, dass fast 100 % der Experten sich darüber *einig* sind, dass die Klimakrise stattfindet und dass sie vom Menschen verursacht ist. Die **Beweise** sind eindeutig.

KOSMISCHE STRAHLUNG IST SCHULD!!!
Nein, WIRKLICH nicht!

Die Übereinstimmung von Forschungsergebnissen wird als **Konsens** bezeichnet. Der aktuelle Stand der Wissenschaft zur Klimakrise wird in den Berichten des Weltklimarats **IPCC** (Intergovernmental Panel on Climate Change) dargelegt.

Der Weltklimarat IPCC

Der 1988 gegründete unabhängige wissenschaftliche Ausschuss ist eine Einrichtung der Vereinten Nationen. Die Berichte des IPCC *(Intergovernmental Panel on Climate Change)* sind Grundlage für die politischen Entscheidungen der 195 Mitgliedsländer in Fragen des Klimawandels.

Hallo, mein Name ist Nimrita. Ich bin Professorin für Klimawissenschaft und ich arbeite mit dem Weltklimarat zusammen.
IPCC

Der Weltklimarat IPCC koordiniert Gruppen von Fachleuten, die alle Ergebnisse der WELTWEITEN Klimaforschung prüfen. Alle fünf bis sieben Jahre erscheint ein Sachstandsbericht, der die neuesten und besten Erkenntnisse enthält.

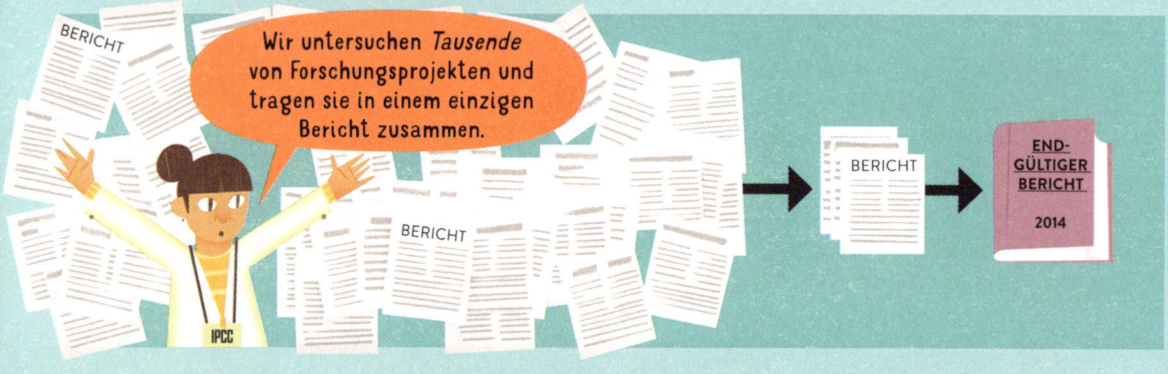
BERICHT
Wir untersuchen *Tausende* von Forschungsprojekten und tragen sie in einem einzigen Bericht zusammen.
BERICHT
IPCC
BERICHT
ENDGÜLTIGER BERICHT
2014

Die Berichte sind die zuverlässigsten Informationsquellen zur Klimakrise. Der Fünfte Sachstandsbericht wurde 2014 veröffentlicht, der nächste folgt 2022. Dazwischen erscheinen Sonderberichte zu Einzelthemen.

Jeder Bericht ist in drei Teile gegliedert. Im ersten Teil wird der GEGENWÄRTIGE Zustand des Klimas beschrieben und was in der ZUKUNFT passieren könnte.
Der zweite Teil betrachtet die AUSWIRKUNGEN des Klimawandels auf die Menschen und die ganze Welt.
Im dritten Teil werden HANDLUNGSOPTIONEN dargelegt, die den Klimawandel aufhalten können.
IPCC
IPCC
IPCC

Wenn die Wissenschaftler die einzelnen Forschungsprojekte prüfen, stellen sie bohrende Fragen, wie es vielleicht auch du tust, wenn du Informationen überprüfst. In der Wissenschaft ist es von entscheidender Bedeutung, wirklich *alles* ganz genau zu prüfen.

Sind die Autoren Klimaexperten? Sind sie zudem Experten in diesem *bestimmten Fachgebiet*?
Wie viele Experten stimmen mit der Ansicht der Autoren überein?
Erklären die Autoren, wie sie bei ihren Forschungen vorgegangen sind?
Liefern die Autoren Quellenangaben und Berechnungen, die man nachvollziehen kann?
Irgendwie stimmen die Zahlen einfach nicht.
Sind die Informationen auf dem neuesten Stand?
BERICHT ZUR SAUBEREN KOHLE
Erklären die Autoren, was sie *nicht wissen*?

Welche Prognosen gibt der Weltklimarat?

Die Erstellung genauer Prognosen über das zukünftige Klima ist schwierig. Vieles hängt davon ab, wie sich die Menschen in den nächsten Jahren verhalten werden. Auch die Auswirkungen ungewisser Kipppunkte spielen eine entscheidende Rolle.

Um wie viel Grad wird sich das Klima bis 2100 aufheizen?

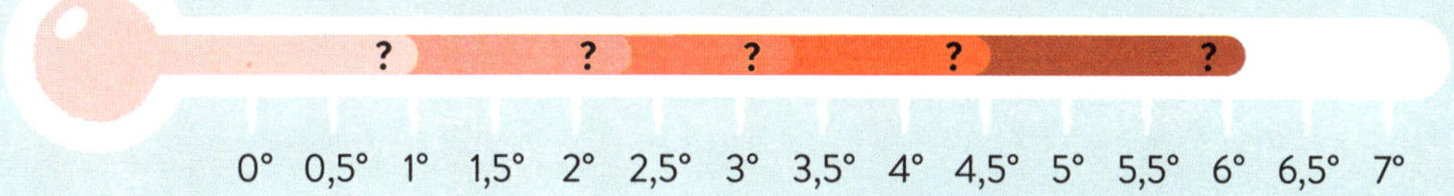
? ? ? ? ?
0° 0,5° 1° 1,5° 2° 2,5° 3° 3,5° 4° 4,5° 5° 5,5° 6° 6,5° 7°

Wir geben nicht gern Prognosen darüber, wie unsere Zukunft aussehen wird.
Stattdessen stellen wir verschiedene Szenarien vor: „Wenn *das* und *das* passiert, dann können wir in der Zukunft *das* und *das* erwarten." Zum Beispiel …
IPCC
Wenn wir ab 2050 nicht mehr CO_2 ausstoßen als gebunden wird, dann besteht die Möglichkeit, die Erhitzung auf nur 1,5 °C zu begrenzen.

Wie sicher ist sich der Weltklimarat?

Es gibt Bereiche innerhalb der Klimawissenschaften, bei denen es gegensätzliche Ansichten oder Unsicherheiten gibt. Experten behaupten nicht, auf ALLE Fragen eine Antwort zu haben.

Der Weltklimarat wendet folgende Skala an, um nachzuweisen, wie sicher er bei Bewertungen ist:

Wahrscheinlichkeit eines Ergebnisses	Was bedeutet das?
nahezu sicher	99 bis 100 % sicher, dass das Ergebnis eintritt
extrem wahrscheinlich	95 bis 100 % sicher, dass das Ergebnis eintritt
wahrscheinlich	66 bis 100 % sicher, dass das Ergebnis eintritt
ungefähr so wahrscheinlich wie nicht	33 bis 66 % sicher, dass das Ergebnis eintritt

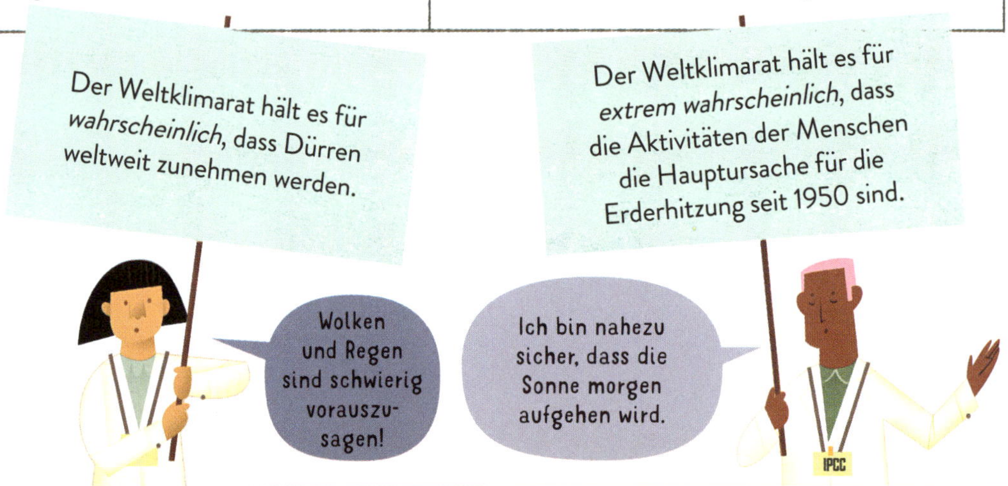
Der Weltklimarat hält es für *wahrscheinlich*, dass Dürren weltweit zunehmen werden.
Wolken und Regen sind schwierig vorauszusagen!
Der Weltklimarat hält es für *extrem wahrscheinlich*, dass die Aktivitäten der Menschen die Hauptursache für die Erderhitzung seit 1950 sind.
Ich bin nahezu sicher, dass die Sonne morgen aufgehen wird.
IPCC

Unterschiede in der Wahrscheinlichkeit hängen vom **Umfang** einer Frage ab. Es ist weniger sicher, wie das Klima auf kleiner Ebene (Dörfer und Städte) sein wird, aber sicherer, wie es auf globaler oder kontinentaler Ebene aussehen wird.

Entscheidend ist auch die **Komplexität** einer Frage. Wissenschaftler sind sich weniger sicher, vielschichtige Zustände mit beteiligten Menschen, etwa Kriege oder Migration, voraussagen zu können als zum Beispiel Hitzewellen.

Heißt das, ihr könnt mir NICHT *genau* sagen, was hier in Springstadt passieren wird? Pfff!

Wer hätte gedacht, dass die Menschen hier Fremde so freundlich aufnehmen.
FLÜCHTLINGE WILLKOMMEN

Antworten auf einige Fragen

Wenn Sie unsicher sind, dann könnten Sie also *FALSCH* liegen, was in Zukunft passiert?
Ich bin mir sicher, dass wir in *einigen* Fragen nicht RECHT haben, aber Unsicherheit kann zwei Dinge bedeuten.
Manche Entwicklungen sind eventuell gar nicht so schlimm wie wir voraussagen, andere sind wiederum schlimmer. In Szenarien mit hoher Erhitzung können wir jedoch wirklich gravierende Auswirkungen nicht völlig ausschließen, daher ist es vorausschauend, *jetzt schon zu handeln.*
IPCC
Geht es in der Wissenschaft wirklich immer um Konsens? Geht es nicht auch darum, NEUE Entdeckungen zu machen?
Ja, du hast völlig recht. Konsens ist jedoch für alle SEHR wichtig, die wissensbasierte Entscheidungen treffen müssen – sei es eine Regierung, ein Unternehmen oder eine Einzelperson.
Bevor du dich entscheidest, möchtest du doch wissen, worauf sich die Experten geeinigt haben, oder nicht?
IPCC
Ich habe gehört, dass großer *Druck* auf den Weltklimarat ausgeübt wird, die Risiken so positiv wie möglich darzustellen.
Jedes Wort in einem Bericht des Weltklimarats muss von Wissenschaftlern und Regierungen abgesegnet werden.
Damit am Ende alle zustimmen, müssen KOMPROMISSE gemacht werden.
Das bedeutet, dass ich nicht immer alles so sagen kann, wie ich gern möchte. Es bedeutet jedoch auch, dass die führenden Politiker der Welt nicht einfach das sagen können, was die Menschen ihrer Meinung nach hören wollen.
IPCC

Welchen Zweck haben die Berichte des Weltklimarats?

Die Berichte des IPCC werden von Regierungen und internationalen Organisationen genutzt, um zu beschließen, welche Probleme angegangen werden müssen.

Nachdem 2014 der Bericht des Weltklimarats veröffentlicht wurde, trafen sich im Jahr 2015 alle Länder der Welt zu einer Klimakonferenz in Paris.

Es ist schon schwer, die Zukunft vorauszusagen, aber versuch mal, Politiker zu einem Übereinkommen zu bringen.
IPCC

Das Treffen im Jahr 2009 war *ohne* Einigung zu Ende gegangen. Die Klimakonferenz in Paris stand unter enormem Druck, endlich einen Kompromiss zu finden. Ohne eine Einigung hätten weltweit alle Bemühungen ein Ende gefunden.

Übereinkommen!

Die Klimakonferenz in Paris war das bisher größte Treffen führender Weltpolitiker. Am Ende konnte die erste umfassende weltweite Klimaschutzvereinbarung geschlossen werden.

DAS ÜBEREINKOMMEN VON PARIS

ist ein weltweites Versprechen. Zum ersten Mal in der Geschichte verpflichten sich beinahe alle Länder, den Anstieg der Durchschnittstemperatur auf deutlich unter 2 °C zu beschränken (gegenüber der Zeit vor der intensiven Nutzung fossiler Brennstoffe). Der Temperaturanstieg soll auf maximal 1,5 °C begrenzt werden.

Unterzeichnet

Die Welt

Um den Temperaturanstieg auf deutlich unter 2 °C zu begrenzen, müssen die Treibhausgasemissionen schnellstens reduziert werden. 2018 veröffentlichte der Weltklimarat einen Sonderbericht darüber, wie schnell die Emissionen eingeschränkt werden müssen, um das Ziel von 1,5 °C zu erreichen.

Der Bericht des Jahres 2018 war extrem ALARMIEREND. Er enthielt jedoch auch eine HOFFNUNGSVOLLE Botschaft.
IPCC

Bericht des Weltklimarats 2018

- Ein Temperaturanstieg von 1,5 °C verursacht weitaus geringere Schäden als ein Anstieg von 2 °C.
- Um dieses neue Ziel zu erreichen, müssen sich der Ausstoß und die Entfernung von CO_2 bis 2050 ausgleichen. Das wird als **CO_2-Neutralität** bezeichnet.
- **Das Ziel ist erreichbar.** Es erfordert jedoch *sehr schnelle* Veränderungen in allen Gesellschaftsbereichen.

Forscher haben anhand des Berichts Schätzungen erstellt, wie weit die durchschnittlichen Temperaturen weltweit in verschiedenen Szenarien ansteigen werden. Auch wenn es Unsicherheiten gibt, ist offensichtlich, dass wir mehr tun müssen, um unser Ziel von 1,5 °C zu erreichen.

Globaler durchschnittlicher Temperaturanstieg bis 2100

Wie hoch wird der Anstieg sein?

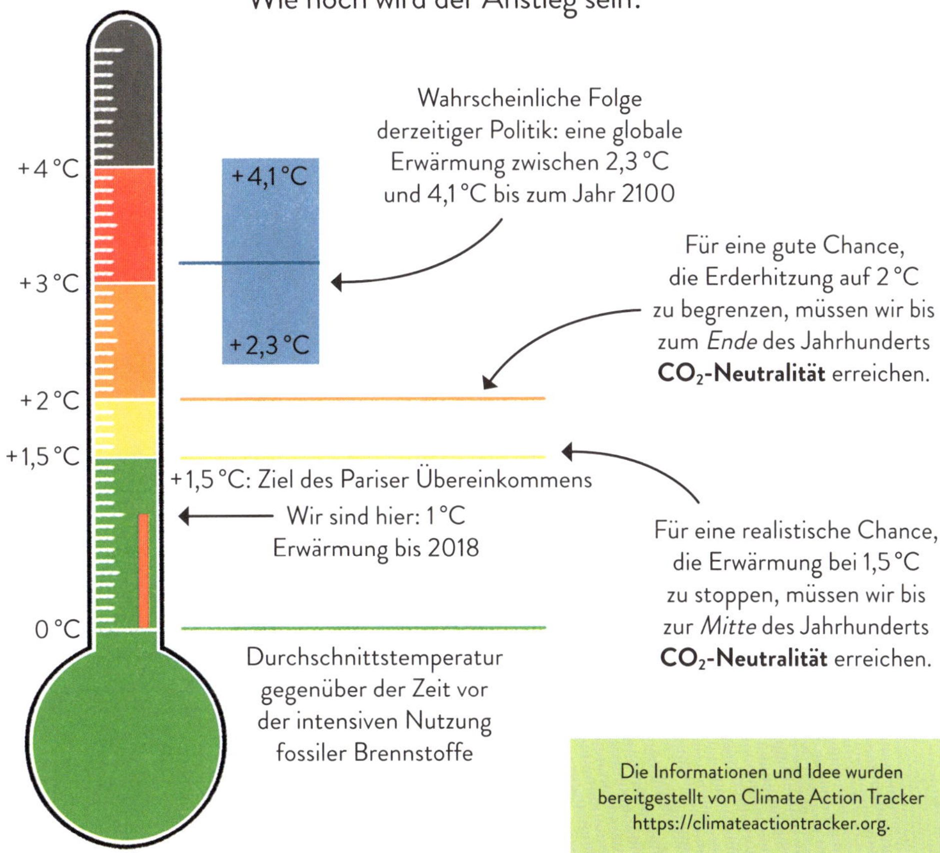
+4 °C
+3 °C
+2 °C
+1,5 °C
0 °C
+4,1 °C
+2,3 °C
Wahrscheinliche Folge derzeitiger Politik: eine globale Erwärmung zwischen 2,3 °C und 4,1 °C bis zum Jahr 2100
Für eine gute Chance, die Erderhitzung auf 2 °C zu begrenzen, müssen wir bis zum *Ende* des Jahrhunderts **CO_2-Neutralität** erreichen.
+1,5 °C: Ziel des Pariser Übereinkommens
Wir sind hier: 1 °C Erwärmung bis 2018
Für eine realistische Chance, die Erwärmung bei 1,5 °C zu stoppen, müssen wir bis zur *Mitte* des Jahrhunderts **CO_2-Neutralität** erreichen.
Durchschnittstemperatur gegenüber der Zeit vor der intensiven Nutzung fossiler Brennstoffe

Die Informationen und Idee wurden bereitgestellt von Climate Action Tracker https://climateactiontracker.org.

Wie können wir die Emissionen reduzieren?

Die wichtigste Erkenntnis lautet, dass BEINAHE ALLES, WAS WIR TUN, Kohlenstoff ausstößt. Eine Reduzierung wird nicht leicht sein.

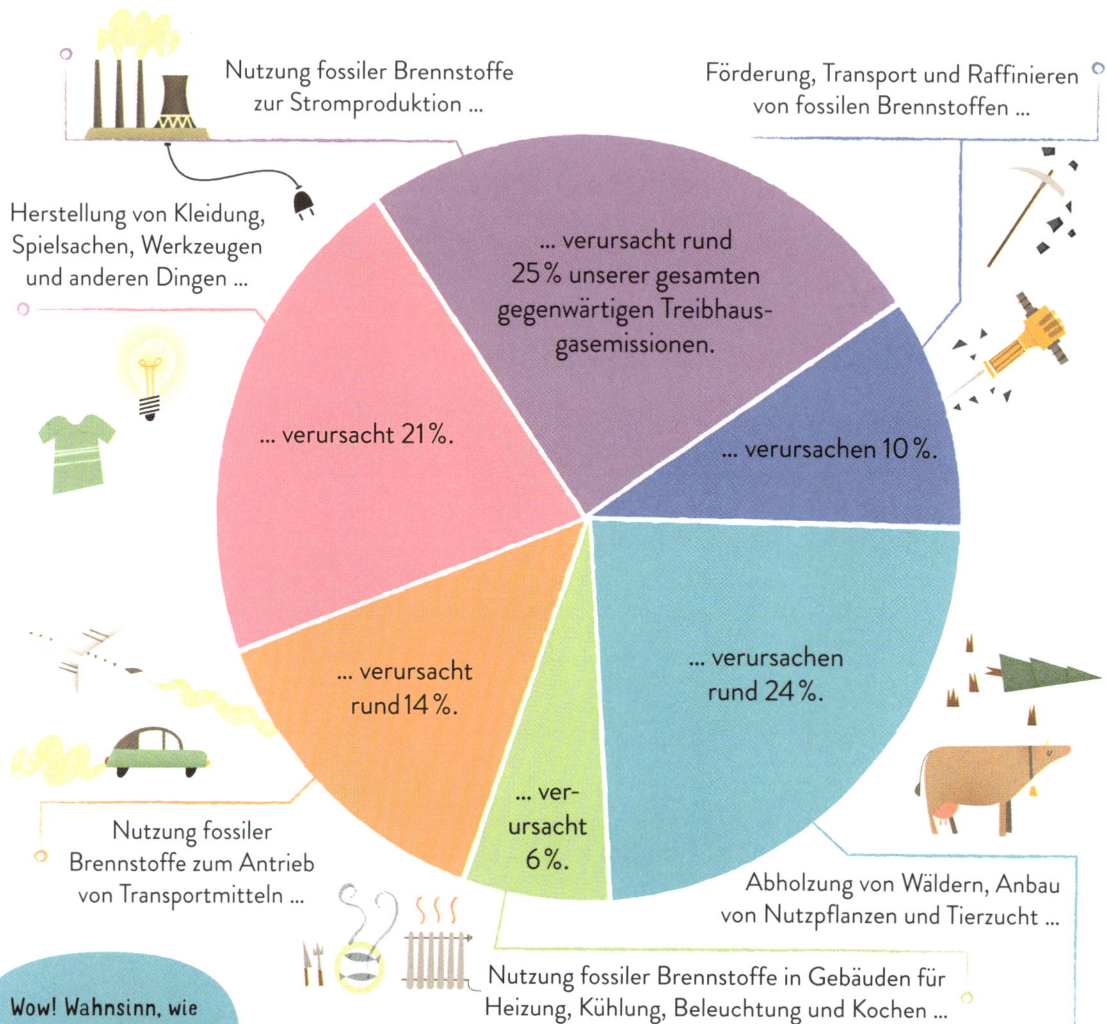

Nutzung fossiler Brennstoffe zur Stromproduktion …
… verursacht rund 25 % unserer gesamten gegenwärtigen Treibhausgasemissionen.
Förderung, Transport und Raffinieren von fossilen Brennstoffen …
… verursachen 10 %.
Abholzung von Wäldern, Anbau von Nutzpflanzen und Tierzucht …
… verursachen rund 24 %.
Nutzung fossiler Brennstoffe in Gebäuden für Heizung, Kühlung, Beleuchtung und Kochen …
… verursacht 6 %.
Nutzung fossiler Brennstoffe zum Antrieb von Transportmitteln …
… verursacht rund 14 %.
Herstellung von Kleidung, Spielsachen, Werkzeugen und anderen Dingen …
… verursacht 21 %.

Wow! Wahnsinn, wie hoch die Emissionen der Landwirtschaft sind!
Genau. Nicht nur die Tiere sind hier das Problem, sondern auch einige Getreidesorten. Der gesamte Reisanbau verursacht genauso viele Treibhausgase wie Hunderte Kohlekraftwerke.

Nassreisfeld

Im Jahr 2019 haben wir etwa 43 Milliarden Tonnen CO_2 in die Atmosphäre gepumpt – die größte Menge, die je in einem einzigen Jahr emittiert wurde. Um die Krise zu bewältigen, müssen wir diesen enormen Wert zum *Schrumpfen* bringen.

2 °C
1,5 °C
GLOBALE TREIBHAUSGAS-EMISSIONEN
Jedes Ziel, ob 2 °C oder 1,5 °C, hat ein sogenanntes CO_2-BUDGET. Das ist der OBERE GRENZWERT, den wir ausstoßen dürfen, um die Erhitzung UNTERHALB der angestrebten Temperatur zu halten.
Wenn wir weiterhin so viel CO_2 ausstoßen wie im Jahr 2019, bleiben uns acht Jahre, bis wir das gesamte CO_2-Budget für eine Erhitzung um 1,5 °C aufgebraucht haben.
PENG!
1,5°
Um zu vermeiden, dass der 1,5-°C-Ballon platzt, müssen die globalen CO_2-Emissionen bis 2030 um 45 % abnehmen.
Das bedeutet, dass ALLES, was wir tun, anders werden muss. Ein riesiges Projekt!
So stoßen zum Beispiel alle Kraftwerke, Autos und Fabriken, die wir bereits gebaut haben …
… während ihrer Laufzeit möglicherweise mehr CO_2 aus, als das gesamte CO_2-Budget für eine Erhitzung um 1,5 °C beträgt.
Es reicht nicht aus, einfach keine NEUEN Kraftwerke mehr zu bauen, die fossile Brennstoffe nutzen. Wir müssen auch viele Kraftwerke stilllegen, die BEREITS gebaut sind.

Ein Unterschied von 0,5 °C

Ob die Erderhitzung bis 2100 um 1,5 °C oder um 2,0 °C ansteigt, hört sich nicht nach einem großen Unterschied an. Für viele Menschen und sogar gesamte Lebensräume macht das aber den Unterschied zwischen Leben und Tod aus. Hier sind die Prognosen des Weltklimarats.

	1,5 °C	2 °C
Meer-eis	Im Sommer gibt es in der Arktis alle **100 Jahre** kein Meereis.	Im Sommer gibt es in der Arktis alle **10 Jahre** kein Meereis.
Hunger	Es gibt weniger Fische für den Fang. Schlechte Ernten sind häufiger, besonders in trockenen Gebieten.	Fischfangmengen nehmen um das **Doppelte** ab. Schlechte Ernten sind **doppelt** so wahrscheinlich.
Extreme Hitze	Prozentsatz der weltweiten Bevölkerung, die mindestens einmal alle fünf Jahre tödlichen Hitzewellen ausgesetzt ist = **14 %**	Prozentsatz der weltweiten Bevölkerung, die mindestens einmal alle fünf Jahre tödlichen Hitzewellen ausgesetzt ist = **37 %**
Arten-verlust	*Lebewesen, die mindestens die Hälfte ihres Lebensraums verlieren:*	
	6 % der Insekten **8 %** der Pflanzen **4 %** der Wirbeltiere	**18 %** der Insekten **16 %** der Pflanzen **8 %** der Wirbeltiere
Manchmal ist es schwer vorstellbar, was diese Zahlen bedeuten. Deshalb hier ein Beispiel eines bedrohten Lebensraums zur Veranschaulichung: Korallenriffe.		
	70 % bis **90 %** der tropischen Korallenriffe sind bis 2100 zerstört.	**99 %** der tropischen Korallenriffe sind bis 2100 zerstört.

Im Augenblick sieht es nicht so aus, als würden wir unsere Klimaziele erreichen. Tatsächlich könnte sich unsere Erde um über 3 °C und *vielleicht* sogar um über 4 °C aufheizen. Dadurch entstünden Landschaften, wie sie in Katastrophenfilmen zu sehen sind.

So könnte die Welt bei einer Erhitzung um 4 °C im Jahr 2100 aussehen
(laut Professor Richard Betts, Direktor für Klimaauswirkungen beim britischen Wetterdienst)

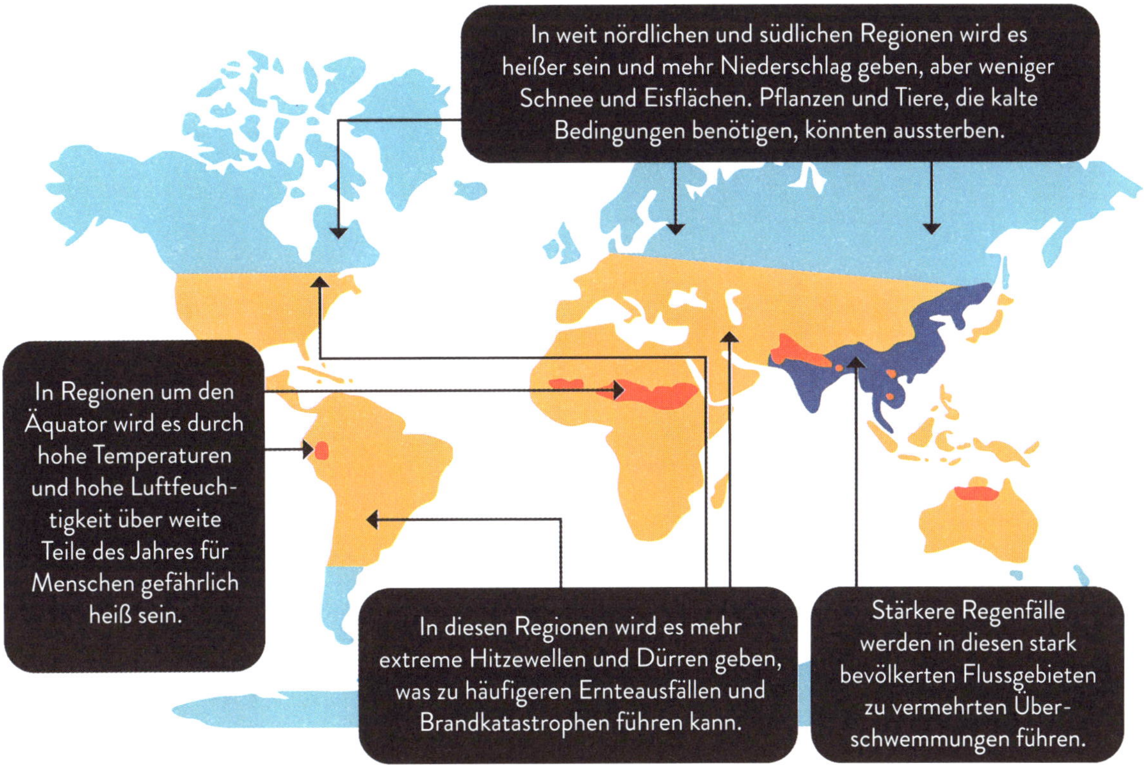

In weit nördlichen und südlichen Regionen wird es heißer sein und mehr Niederschlag geben, aber weniger Schnee und Eisflächen. Pflanzen und Tiere, die kalte Bedingungen benötigen, könnten aussterben.
In Regionen um den Äquator wird es durch hohe Temperaturen und hohe Luftfeuchtigkeit über weite Teile des Jahres für Menschen gefährlich heiß sein.
In diesen Regionen wird es mehr extreme Hitzewellen und Dürren geben, was zu häufigeren Ernteausfällen und Brandkatastrophen führen kann.
Stärkere Regenfälle werden in diesen stark bevölkerten Flussgebieten zu vermehrten Überschwemmungen führen.

Okay, okay! Ich verstehe. Ich will nicht, dass die Welt so wird.
Super! Und vielen Dank. Ich weiß, wie schwer es ist, die eigene Meinung zu ändern.
Aber besser fühle ich mich jetzt auch nicht! Ich weiß nicht, wie wir das schaffen sollen. Ich mache mir wirklich SORGEN.
Keine Sorge, Papa. Dani hat sicher einen Plan.

Ich möchte nicht,
dass das passiert.
2100

3. Kapitel: Was können wir tun?

Was bedeutet es eigentlich, die Klimakrise „zu lösen“? Müssen wir den Klimawandel *rückgängig machen*? Oder nur unsere Emissionen *begrenzen*? Oder sollen wir einfach wie bisher weitermachen und uns *anpassen*?

Wir haben die WAHL, wie wir uns entscheiden. Wir können sogar VIELE Entscheidungen treffen, wie wir als Einzelpersonen, Unternehmen oder als Gesellschaft handeln. Schaffen wir die erforderlichen Veränderungen, um die Erhitzung auf 1,5 °C zu begrenzen?

Alles klar, Papa? Du siehst aus, als hättest du ein Gespenst gesehen.
Ich hatte gerade eine schreckliche Vision von unserer Zukunft. Wir MÜSSEN etwas ändern.
Lasst uns herausfinden, wie wir das tun können!

Was ist eine gute Entscheidung?

Egal ob wir versuchen, unsere Emissionen zu reduzieren oder uns an neue Lebensbedingungen anzupassen – wir müssen uns bei allen Entscheidungen die folgenden Fragen stellen. Im Idealfall lautet die Antwort auf jede Frage JA.

1. Ist es gerecht?

Manche Menschen sind stärker von der Krise betroffen als andere, insbesondere ärmere Menschen. Diese Tatsache müssen wir bei unseren Entscheidungen bedenken. Unsere Entscheidungen dürfen niemanden benachteiligen.

Wenn Fahrzeuge in den Städten verboten werden, wie kommen dann Menschen mit Behinderung von A nach B?

Ich verliere meinen Job auf dem Ölfeld, wenn wir keine fossilen Brennstoffe mehr nutzen. Das ist ungerecht!

Unser Land verschmutzt die Umwelt weniger als euer Land, aber WIR sind stärker von der Krise betroffen. IHR müsst für die Behebung des Schadens bezahlen!
WELTGIPFEL ZUR UMWELTVERSCHMUTZUNG

2. Ist es möglich?

Selbst wenn eine Idee *theoretisch* möglich ist, muss sie auch *praktisch* umsetzbar sein, um einen Nutzen zu haben.

Wir sollen ein Raumschiff bauen, das die Energie der Sonne auffängt und zurück zur Erde beamt? Dafür fehlt uns die entsprechende Technologie!
RAUM-SOLAR
Und selbst wenn wir es könnten, würde es BILLIONEN kosten. Das ist zu viel.

Wir könnten Unternehmen BELOHNEN, die weniger CO_2 ausstoßen.
PRÄMIE FÜR CO_2-REDUKTION

3. Werden die Menschen mitmachen?

Gute Lösungen sind bewusst so gestaltet, dass die Menschen motiviert sind, sie umzusetzen.

Die Menschen würden umweltfreundliche Produkte vielleicht eher kaufen, wenn sie BILLIGER wären!
KLEIDUNG AUS 100 % HANF

Würden die Menschen keine Wälder mehr abholzen, wenn es gesetzlich VERBOTEN wäre?
RETTET DIE BÄUME!!!
STOPPT DAS ABHOLZEN!

Ich würde mehr Müll recyceln, wenn es nicht so verwirrend wäre.
TEXTILIEN
GLAS
KUNSTSTOFF
PAPIER
RESTMÜLL

Komplizierte Entscheidungen

In Wirklichkeit werden die meisten Entscheidungen eine Mischung aus positiven und negativen Auswirkungen zur Folge haben. Wir müssen also entscheiden, zu welchen Zugeständnissen wir bereit sind.

Die Stadt sollte hier einen Staudamm bauen, um Strom aus Wasserkraft statt aus fossilen Brennstoffen zu gewinnen.
NEIN! Dämme können den Pflanzen und Tieren schaden, die im Fluss leben!
Aber wir dürfen keine fossilen Brennstoffe mehr nutzen! Was ist wichtiger, Dani?!

Welche Möglichkeiten haben wir?

Für die Regierungen und die Bevölkerung gibt es zwei Wege bei der Suche nach Lösungen für die enormen Herausforderungen der Klimakrise.

1. Die Krise nicht verschlimmern

Man versucht, die Auswirkungen des Klimawandels zu vermeiden oder zu begrenzen, *bevor sie tatsächlich eintreten*. Das wird als **Schadensminderung** bezeichnet. Dazu findest du im Buch zahlreiche Beispiele, etwa dieses:

Wenn wir Strom ohne den Ausstoß von Treibhausgasen aus Solarenergie und Windkraft erzeugen, sprechen wir von **sauberer Energie**. Das Ersetzen von Kohlekraftwerken durch erneuerbare Energie SENKT CO_2-Emissionen, die den Klimawandel verursachen.

2. Anpassung an die Auswirkungen der Krise

Einige Auswirkungen der Klimakrise sind bereits eingetreten, andere lassen sich auch in Zukunft nicht vermeiden. Die Menschen müssen also ihre Lebensweise *ändern* oder sie an die Umstände *anpassen*.

Landwirte bauen Pflanzen an, die widerstandsfähig gegen höhere Temperaturen sind.

Durch bauliche Maßnahmen werden Gebäude im Sommer gekühlt.

Es gäbe auch noch eine dritte Möglichkeit, aber die würden nicht viele Menschen wählen: die Krise einfach weiterlaufen lassen und darunter leiden. Tatsächlich wird es, *egal was* wir tun, einige Folgen geben, die wir nicht verhindern können.

Die Frage ist, wie viel wir aushalten können.
Je mehr wir die Schäden BEGRENZEN, desto weniger müssen wir uns an die neuen Zustände anpassen und darunter leiden.
Na dann nichts wie los! Wo fangen wir an?
IPCC

Die Wirtschaft

Das System, das jeder auf der ganzen Welt nutzt, um von Chilischoten über Häuser bis hin zu Arbeitsplätzen alles zu kaufen und zu verkaufen, nennt man **Wirtschaft**. Jede Strategie und jede Lösung für die Klimakrise muss die Wirtschaft mit einbeziehen.

Als Wirtschaftswissenschaftler wissen Sarah und ich, dass die Funktionsweisen der Wirtschaft nicht immer gut für das Klima sind.
Viele Unternehmen und Menschen wollen so viel GEWINN wie möglich machen, selbst wenn das dem Klima schadet.
Aber wir brauchen JETZT Lösungen, Enofe. Wir haben keine Zeit mehr, uns ein völlig neues Wirtschaftssystem auszudenken.
Stattdessen müssen wir die Funktionsweisen unseres Wirtschaftssystems klug nutzen, um die Probleme zu verringern, die es schafft. Wir wollen versuchen, das zu erklären.

Kleine Entscheidung, große Wirkung

Die Weltwirtschaft ist ein riesiges Netzwerk aus Geldbewegungen, das jede Person, jedes Unternehmen und jede Regierung miteinander verbindet.

Entscheidungen und Märkte

Im Wirtschaftsleben sind die **Märkte** der Ort, an dem Käufer und Verkäufer zusammenkommen. Jedes Mal, wenn du (und jeder andere) eine ENTSCHEIDUNG triffst – kaufen oder nicht kaufen –, sendest du ein Signal an den Markt.

Wo sollen wir im Sommer Urlaub machen?
LAOS
UGANDA
Brasilien

Die Menge eines bestimmten Produkts, das die Menschen kaufen wollen, ist die **Nachfrage**.

Die Menge eines bestimmten Produkts, das Unternehmen verkaufen können, ist das **Angebot**.

Oje! Diese billigen Flüge sind sehr gefragt. Hoffentlich sind wir dabei!
Tut mir leid, wir haben gerade die letzten Plätze verkauft.
BILLIG-AIR
DISCOUNTFLÜGE

Ist die Nachfrage ***größer*** als das Angebot, sendet das ein Signal an die Verkäufer, ***mehr*** Produkte am Markt anzubieten – oder die Preise zu ***erhöhen***.

Wir brauchen mehr Plätze im Angebot. Das heißt, mehr Flugzeuge kaufen!

Oh nein! Wir haben zu viele Flugzeuge gekauft. Jetzt können wir nicht alle unsere Plätze verkaufen.

Ist die Nachfrage ***geringer*** als das Angebot, sendet das ein Signal an die Verkäufer, ***weniger*** Produkte am Markt anzubieten – oder die Preise zu ***senken***.

Warte mal eine Sekunde! Das ist zwar sehr interessant, aber was hat das mit der Klimakrise zu tun?
Es zeigt, dass DEINE Entscheidungen WICHTIG sind. Jede Entscheidung, die du triffst, sendet ein Signal an den Markt.
Wenn du ein Flugticket kaufst, gibst du dem Markt die Anweisung, dass mehr Flüge angeboten und mehr Flughäfen gebaut werden sollen.
Wenn du aufs Fliegen verzichtest, erklärst du damit das GEGENTEIL. Weniger Flugzeuge, weniger Start- und Landebahnen, weniger Flughäfen und WENIGER Treibhausgase.

Wirklich? Wenn wir keine Plätze im Flugzeug kaufen, wird stattdessen einfach jemand anders die Tickets kaufen. Das Flugzeug wird mit oder ohne uns abheben.
Dieser spezielle Flug vielleicht. Aber das nächste Flugzeug schon nicht mehr, wenn mehr Menschen dieselbe Entscheidung treffen.
Wenn genug Menschen eine bestimmte Entscheidung treffen, wird der Markt reagieren. So funktionieren Märkte.

Untersuchungen zeigen, dass Menschen eher aufs Fliegen *verzichten*, wenn sie jemanden kennen, der wegen der Klimakrise nicht mehr fliegt. Das ist ein weiterer Rückkopplungseffekt, aber dieses Mal ein guter.

Um die Klimakrise besser bekämpfen zu können, müssen wir sicherstellen, dass die Märkte den Menschen, Unternehmen und Regierungen dabei HELFEN, die richtigen Entscheidungen zu treffen.
Glücklicherweise haben wir dafür einige hilfreiche Tricks parat.

So treffen wir bessere Entscheidungen

Alles, was dich dazu bringt, eine bestimmte Entscheidung zu treffen, ist ein **Anreiz**. Das kann die *Aussicht* auf eine Belohnung, die *Androhung* einer Strafe oder der sanfte *Kick* durch genau die richtigen Informationen sein.

Auch Geld ist ein Anreiz. So könnte eine Regierung zum Beispiel jedem Bürger 100 US-Dollar für die Anschaffung eines neuen Fahrrads schenken. Das steigert den Verkauf von Fahrrädern.

Wenn eine Regierung Geld bezahlt, damit etwas billiger wird, nennt man das eine **Subvention**. Der Vorteil für die Regierung lautet: mehr Fahrräder = weniger Autos = weniger Emissionen.

Eine Maßnahme, die dich von einer bestimmten Entscheidung abhält, ist eine **Abschreckung**.

Eine **Steuer** ist ein Betrag, den Personen oder Unternehmen an die Regierung zahlen müssen. Die hohe Besteuerung des Ausstoßes von Treibhausgasen hält Unternehmen vielleicht davon ab, die Umwelt weiter zu verschmutzen.

Unerwünschte Subventionen

Laut einer Untersuchung von 2016 haben 112 Nationen fossile Brennstoffe *subventioniert*, um Energie für die Bevölkerung günstiger zu machen, statt ihren Verbrauch einzudämmen.

2017 gaben Regierungen 370 Milliarden US-Dollar für die Subvention fossiler Brennstoffe aus. Erneuerbare Energien wurden nur mit 110 Milliarden US-Dollar subventioniert.

Eine Umverteilung der Subventionen würde enorm dazu beitragen, erneuerbare Energie zu fördern.

Die wahren Kosten

Märkte sollen Käufern und Verkäufern helfen, den richtigen Preis zu finden. Manchmal versagen die Märkte jedoch, da sie nicht alle Faktoren mit einberechnen.

Eine Firma produziert viele billige Teddybären. Beim Produktionsprozess wird eine große Menge Treibhausgase in die Atmosphäre freigesetzt.

Die Reinigung der Luft ist ausgesprochen teuer. Mega-Bär bezahlt jedoch nichts. Andere Menschen müssen später dafür bezahlen, die Luftverschmutzung zu beseitigen. Die Teddybären sind billig und beliebt.

Die Regierung kann dieses Problem lösen, indem sie Gesetze erlässt, die Unternehmen für die WAHREN KOSTEN ihrer Umweltverschmutzung bezahlen lassen. Um jetzt noch Gewinn zu machen, müssen die Teddys zu einem viel höheren Preis verkauft werden.

Diese hohen Kosten schaffen für das Unternehmen den Anreiz, neue Methoden für die Produktion von Teddybären zu finden, die NICHT so viele Treibhausgase erzeugen. So wird die Umwelt nicht verschmutzt und das Unternehmen profitiert von geringeren Kosten.

Wie hoch *sind* die wahren Kosten?

Für den Ausstoß von Treibhausgasen beim Heizen und im Verkehr wird seit 2021 ein **CO_2-Preis** erhoben. Das soll ein Anreiz für Unternehmen sein, klimafreundlich zu wirtschaften.

Der Preis muss HOCH genug sein, um allen einen ANREIZ zu bieten, Energie zu sparen und erneuerbare Energie zu nutzen.

Das wird für mich sehr teuer werden!

Treibstoff ist zu teuer! Wir können so nicht mehr arbeiten.

Doch höhere Preise benachteiligen *ungerechterweise* ärmere Menschen. In den letzten Jahren haben viele Arbeitnehmer gegen den CO_2-Preis protestiert, deren Arbeitsplätze dadurch gefährdet waren.

Andere weisen darauf hin, dass ein CO_2-Preis am besten funktioniert, wenn sich alle Länder darauf einigen. Wer nicht für seine Verschmutzung bezahlt, hat einen unfairen Vorteil.

vs.
ÖKO-BÄR
7 US-Dollar
MEGA-BÄR
5 US-Dollar

15 %

Eine Studie zeigt, dass nur 15 % aller weltweiten Emissionen durch einen CO_2-Preis abgedeckt sind.

¾ < 10 US-Dollar

Dieselbe Studie besagt, dass drei Viertel aller CO_2-Preise 10 US-Dollar oder weniger pro Tonne Kohlenstoff betragen.

Laut Ansicht des Weltklimarats sollte der CO2-Preis für ALLE EMISSIONEN bis zum Jahr 2030 bei 100 bis 200 US-Dollar pro Tonne CO2-Emissionen liegen. Nur so besteht eine gute Chance, unser Klimaziel von 1,5 °C zu erreichen.
IPCC
Das ist viel mehr als die meisten derzeitigen CO2-Preise. Eine Einigung auf einen Preis ist also eine ENORME Herausforderung.

Investitionen

Ein Vorteil der CO_2-Steuer besteht darin, dass Regierungen das eingenommene Geld für Maßnahmen ausgeben können, die der Klimakrise *entgegenwirken*. Der Einsatz von Geld für bestimmte Projekte oder Unternehmen wird als **Investition** bezeichnet.

Wir haben früher an dieser Tankstelle gearbeitet. Aber seit Einführung der CO_2-Steuer kommt niemand mehr zum Tanken. Wir machen Pleite!
Jetzt nehmen wir an einem Programm teil, in dem wir zu Förstern umgeschult werden. Dann können wir Bäume pflanzen. Das hört sich spannend an!

Große Projekte können nur durchgeführt werden, wenn Regierungen investieren ...

... wie zum Beispiel in die Verbesserung unserer Transportmöglichkeiten durch Hochgeschwindigkeitszüge ...

... oder in den Schutz vor Hochwasser durch Dämme und Ufermauern.

Andere Projekte sind Investitionen in Menschen, die aufgrund unserer Entscheidungen große Verluste hinnehmen mussten.

Die Investitionen einer Regierung zeigen, welche Ziele sie verfolgt. Das gilt auch für Einzelpersonen und Unternehmen. Einige investieren *nur* noch in Unternehmen, die sich ernsthaft um den Klimawandel kümmern. Je mehr Menschen dies tun, desto mehr Druck üben sie auf ALLE Unternehmen aus, für die Auswirkungen ihrer geschäftlichen Aktivitäten Verantwortung zu übernehmen.

Welche Projekte sollte die Regierung also in Angriff nehmen? Habt ihr irgendwelche Ideen?
Sehr viele. Ich weiß gar nicht, wo ich anfangen soll!
Weniger fossile Brennstoffe zu nutzen, wäre ein guter Anfang.

Wie sieht es mit der Energie aus?

Der Energieverbrauch ist derzeit für rund zwei Drittel aller weltweiten Emissionen verantwortlich. Wenn wir das globale Ziel erreichen wollen, die Erderhitzung bis 2100 auf 1,5 °C zu begrenzen, müssen wir tiefgreifend VERÄNDERN, wie Energie erzeugt und verbraucht wird.

Fossile Brennstoffe dürfen nicht mehr gefördert werden. Durch ihre Verbrennung werden zu viele Treibhausgase ausgestoßen.
IPCC
IPCC
Aber die NACHFRAGE nach Energie nimmt stetig zu! Die Billionen-Dollar-Frage liegt also darin, wie wir alle Menschen mit der erforderlichen Energie versorgen können.

Für den 2018 veröffentlichten Bericht hat der Weltklimarat viele Lösungsansätze für dieses Problem untersucht. Die Pläne folgen verschiedenen Überlegungen, laufen jedoch auf ähnliche Strategien hinaus.

1. Wir müssen unsere Energieversorgung **umstellen** und auf fossile Brennstoffe verzichten. Stattdessen müssen wir so viel Strom wie möglich aus **erneuerbarer Energie** gewinnen, die weniger Treibhausgase erzeugt.

Gezeitenkraft nutzt die Bewegung von Ebbe und Flut zur Stromerzeugung.

Solarkraft nutzt die Energie der Sonne.

Wasserkraft von Flüssen und Staudämmen wird genutzt, um hydroelektrische Energie zu erzeugen.

Rate mal, wie Windkraft erzeugt wird?

Energie aus Atomkraft erzeugt keine Treibhausgase.

Die Verbrennung von Pflanzen kann Energie erzeugen.

2. Wir müssen weniger Energie pro Person verbrauchen. Je geringer unsere **Nachfrage** nach Energie ist, desto einfacher können wir unser Ziel erreichen.

Bei einer geringen Nachfrage können wir uns aussuchen, wie wir erneuerbare Energie bereitstellen.

Wir könnten DIESE Möglichkeiten wählen ...

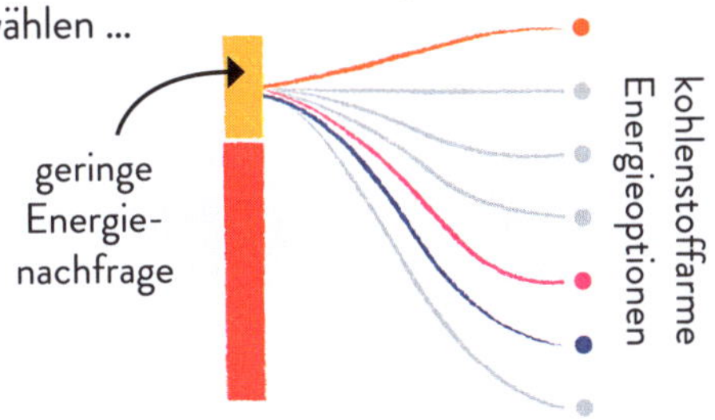

... oder wir könnten JENE Möglichkeiten wählen.

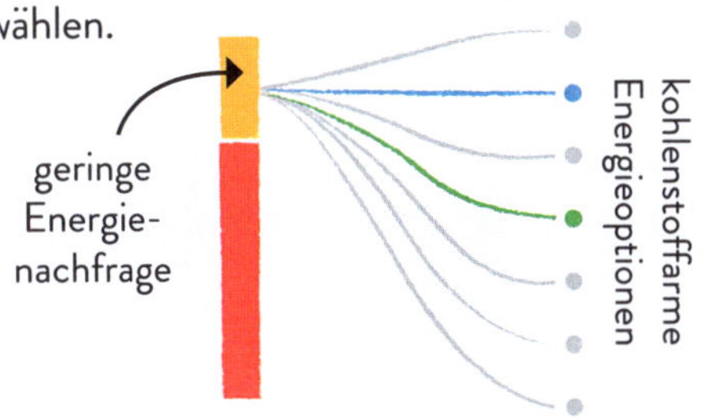

Bei einer hohen Nachfrage nach Energie bleibt uns KEINE andere Wahl, als alle verfügbaren Energieoptionen zu nutzen, um unser Ziel zu erreichen. Manche Energien sind viel teurer oder schwieriger zu erzeugen – oder beides.

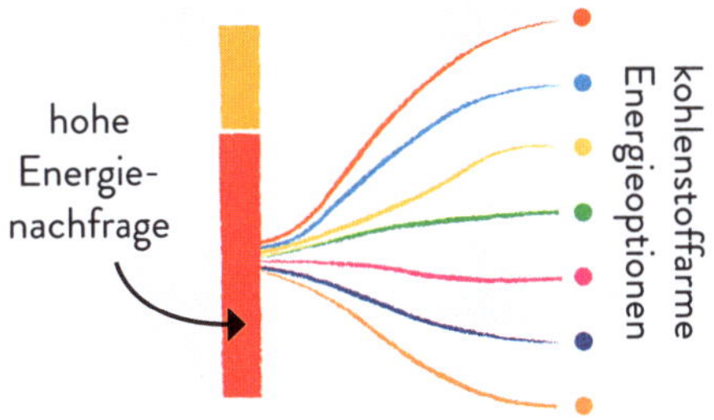

Im Buch findest du viele Ideen, um Energie zu sparen.

3. Wir dürfen **keine fossilen Brennstoffe** mehr für den Transport nutzen oder um zu heizen und zu kochen. Stattdessen müssen wir auf andere Brennstoffe umstellen, wie zum Beispiel erneuerbare Energie oder nachhaltig produzierten Wasserstoff, bei dessen Verbrennung Wasser entsteht.

An zahlreichen Orten entstehen viele konzentrierte Treibhausgase, wie zum Beispiel Methan oder Ruß, da die Menschen zum Kochen Kohle, Stroh oder Holz verbrennen. Wenn alle Menschen einen sauberen Elektroherd hätten, würde sich die Luftqualität verbessern und der Ausstoß von Treibhausgasen reduziert.

Ohne fossile Brennstoffe

Die größte Herausforderung bei der Reduzierung von Emissionen liegt darin, die Energiequellen und die Nutzung von Energie zu verändern. Du kannst dir bestimmt denken, dass diese Frage zu vielen Diskussionen führt.

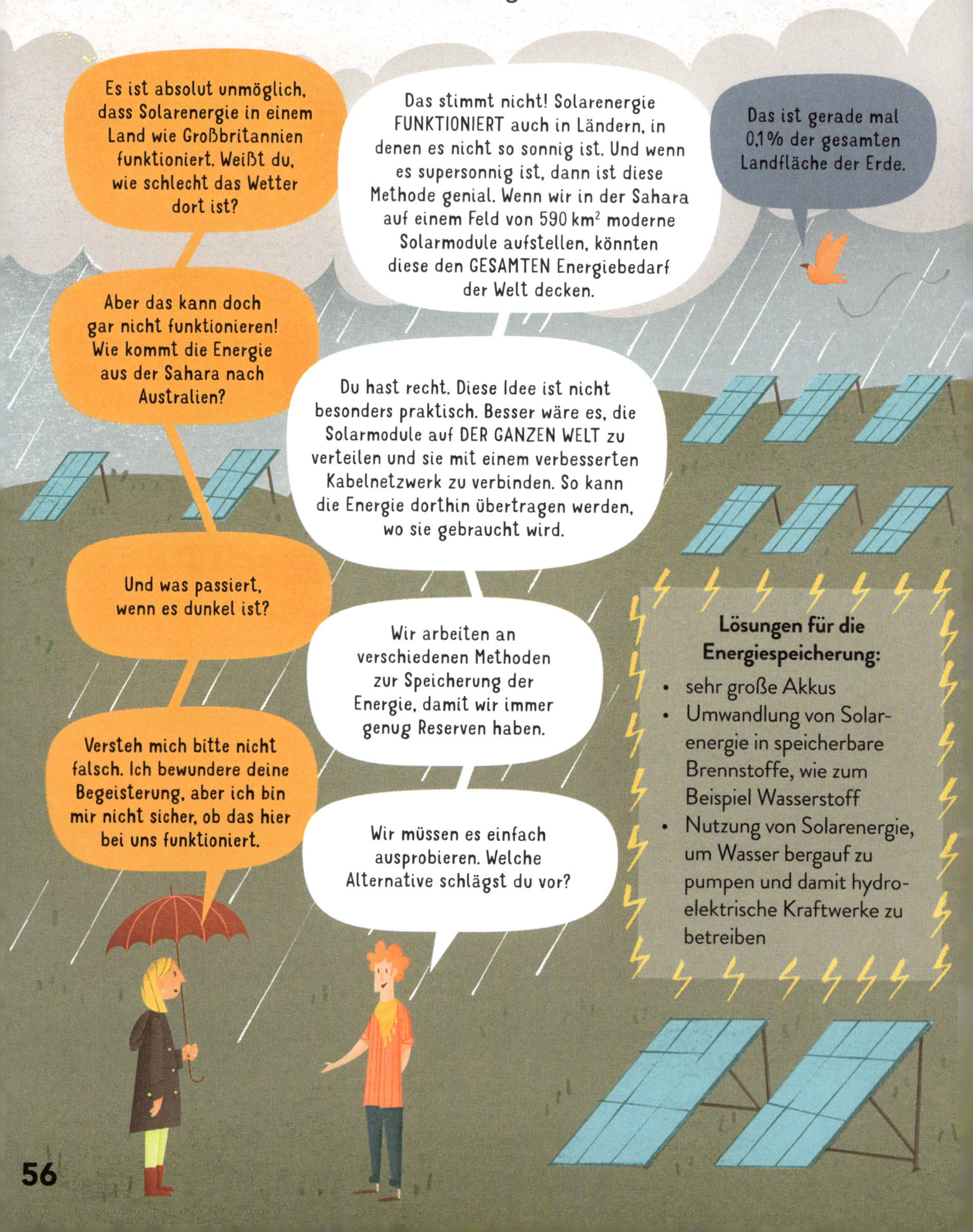
Es ist absolut unmöglich, dass Solarenergie in einem Land wie Großbritannien funktioniert. Weißt du, wie schlecht das Wetter dort ist?
Das stimmt nicht! Solarenergie FUNKTIONIERT auch in Ländern, in denen es nicht so sonnig ist. Und wenn es supersonnig ist, dann ist diese Methode genial. Wenn wir in der Sahara auf einem Feld von 590 km² moderne Solarmodule aufstellen, könnten diese den GESAMTEN Energiebedarf der Welt decken.
Das ist gerade mal 0,1 % der gesamten Landfläche der Erde.
Aber das kann doch gar nicht funktionieren! Wie kommt die Energie aus der Sahara nach Australien?
Du hast recht. Diese Idee ist nicht besonders praktisch. Besser wäre es, die Solarmodule auf DER GANZEN WELT zu verteilen und sie mit einem verbesserten Kabelnetzwerk zu verbinden. So kann die Energie dorthin übertragen werden, wo sie gebraucht wird.
Und was passiert, wenn es dunkel ist?
Wir arbeiten an verschiedenen Methoden zur Speicherung der Energie, damit wir immer genug Reserven haben.
Versteh mich bitte nicht falsch. Ich bewundere deine Begeisterung, aber ich bin mir nicht sicher, ob das hier bei uns funktioniert.
Wir müssen es einfach ausprobieren. Welche Alternative schlägst du vor?

Lösungen für die Energiespeicherung:

- sehr große Akkus
- Umwandlung von Solarenergie in speicherbare Brennstoffe, wie zum Beispiel Wasserstoff
- Nutzung von Solarenergie, um Wasser bergauf zu pumpen und damit hydroelektrische Kraftwerke zu betreiben

Wie wäre es, wenn wir nur noch Erdgas verwenden, das viel sauberer als Kohle oder Erdöl ist? Dieses Kraftwerk wurde erst letztes Jahr gebaut. Es ist viel effizienter als alte Kraftwerke.
Ich weiß, dass Erdgas besser als Kohle und Öl ist, aber selbst Erdgas erzeugt zu viel CO2. Besonders weil wir CO2-Neutralität erreichen wollen.
Und wie sieht es mit mehr Atomstrom aus?
Vielleicht, aber das hat sich in manchen Ländern als sehr teuer herausgestellt. Bei der Stromerzeugung fällt außerdem radioaktiver Abfall an, der Tausende von Jahren weiterstrahlt und daher sehr sorgfältig gelagert werden muss.
Ich denke, Atomstrom ist eine gute Lösung für Länder wie Japan oder Großbritannien, in denen die Sonne nicht so oft scheint.
Im Notfall müssen wir ALLE Möglichkeiten in Betracht ziehen.
Das ist nicht fair! Jahrhundertelang habt ihr so viele fossile Brennstoffe verbrannt, wie ihr wolltet. Ihr seid dadurch reich geworden! Ich komme aus Usbekistan und jetzt sagt ihr, mein Land darf nicht das Gleiche tun? Die Klimakrise ist eure Schuld, nicht unsere.
Da hast du recht. Wir haben einen Vorsprung von 200 Jahren.
Ja, reichere Länder sollten einen Teil der Kosten übernehmen, damit ärmere Länder sich ohne fossile Brennstoffe entwickeln können. Das ist auch schon der Fall, aber wir können noch viel mehr tun.

Eine weitreichende Reduzierung der Energieemissionen ist schwierig, aber sie ist absolut NOTWENDIG, wenn wir bis 2050 CO_2-Neutralität erreichen wollen.

CO_2-Abscheidung und -Speicherung

Kohlenstoffsenken wie Wälder und Böden nehmen in der Natur CO_2 aus der Luft auf. Jetzt entwickeln die Menschen ihre eigenen künstlichen Kohlenstoffsenken. Darum geht es bei der **CO_2-Abscheidung und -Speicherung.**

Ich habe etwas gefangen!
Ha, netter Versuch, aber so funktioniert das nicht ganz. Bei den meisten Verfahren zur CO_2-Abscheidung und -Speicherung muss CO_2 in den Boden gepumpt und dort viele tausend Jahre lang gelagert werden.

Die CO_2-Abscheidung und -Speicherung kann auf zweierlei Weise genutzt werden:

1. CO_2 einschließen, *bevor* es ausgestoßen wird

In **Kraftwerken für fossile Brennstoffe** können wir das CO_2 in den Schornsteinen aus dem Rauch abscheiden ...

... es in bestimmten Maschinen verflüssigen ...

... um es schließlich in unterirdische Lagerstätten zu leiten, wo es unter Schichten aus Gestein und Erde eingeschlossen bleibt.

Kann ein Kraftwerk sein gesamtes produziertes CO_2 abscheiden und speichern, dann sind seine Emissionen gleich NULL. Das heißt dann **CO_2-neutral**.

2. CO_2 der Atmosphäre entziehen

Wenn wir Pflanzen anbauen, die CO_2 aus der Luft aufnehmen, und sie anschließend in Kraftwerken verbrennen, um Strom, Wärme oder Brennstoff zu produzieren ...

... können wir das CO_2 wieder auffangen und in unterirdische Lager leiten, so wie wir es in einem CO_2-neutralen Kraftwerk für fossile Brennstoffe abscheiden und speichern. Dieses Verfahren heißt **Bioenergie mit CO_2-Abscheidung und -Speicherung**.

DAC-Systeme mit CO_2-Abscheidung und -Speicherung sind ein weiterer Ansatz. Bei DAC *(Direct Air Carbon)* wird mit großen Ventilatoren Luft angesaugt. Die Luft wird mit Chemikalien vermischt, um das CO_2 abzuscheiden ...

... das anschließend in unterirdische Lager gepumpt wird.

Beide Verfahren sind vorteilhafter als CO_2-neutrale Verfahren, da sie CO_2-negativ sind. Das bedeutet, dass sie mehr CO_2 aus der Luft entfernen als sie ausstoßen.

So könnte es funktionieren

Wenn wir keine fossilen Brennstoffe mehr nutzen, können wir die Klimakrise eindämmen. Um die Erhitzung jedoch unter 1,5 °C zu halten, müssen wir wahrscheinlich auch CO_2 aus der Luft entfernen. Die CO_2-Abscheidung und -Speicherung könnte die Lösung sein, *wenn* ...

... wir sicherstellen können, dass die unterirdischen Lager dicht sind!
PSSSCH!
... wir uns einig sind, wer dafür bezahlt. Du kannst nicht erwarten, dass meine Ölfirma dafür Geld ausgibt, wenn ich dafür kein Geld zurückbekomme.
... das Verfahren nicht mehr Probleme verursacht als es löst. Wenn wir nicht aufpassen, verbraucht das Bioenergie-Verfahren so viel Anbaufläche und Wasser, dass wir nicht mehr genug Nahrung anbauen können.

Kohlenstoffsenken schaffen

Natürliche Kohlenstoffsenken müssen geschützt oder neu geschaffen werden, um CO_2 in der Luft zu reduzieren. Aber derzeit *verlieren* wir immer mehr Kohlenstoffsenken.

Tropische Regenwälder: Studien zeigen auf, dass Bäume so *schnell* abgeholzt und abgebrannt werden, dass die Wälder bald mehr CO_2 ausstoßen könnten als sie aufnehmen. *Was können wir tun*?

Der Weltklimarat empfiehlt, die Entwaldung zu reduzieren UND Bäume nachzupflanzen. **Wiederaufforstung** ist eine wirksame Maßnahme.

Südkorea

In der ersten Hälfte des 20. Jahrhunderts wurden im heutigen Südkorea riesige Waldflächen abgeholzt und niedergebrannt.

Im Jahr 1967 lagen große Flächen öde und unfruchtbar brach, die einst üppig begrünt waren.

DIE FOLGEN:
Der Boden trocknete aus, Tier- und Pflanzenarten verloren ihren Lebensraum. Der vorher in den Wäldern gebundene Kohlenstoff gelangte in die Atmosphäre.

Die Regierung entwarf einen Plan, den GESAMTEN Wald wieder AUFZUFORSTEN.

1987

Zwanzig Jahre später war ein Waldgebiet nachgewachsen, das 15 Mal so groß wie London war.

Bäume so weit das Auge reicht!

Die Regierung hatte für Energieunternehmen Anreize geschaffen, weniger Bäume als Brennmaterial abzuholzen. Zudem hatte sie die Landbesitzer davon überzeugen können, wieder Bäume anzupflanzen.

2000

Die Wälder gediehen immer weiter. Je größer und dichter sie wurden, desto mehr Kohlenstoff speicherten sie.

In den späten 1990er-Jahren absorbierten und speicherten sie jedes Jahr **zwölfmal** mehr Kohlenstoff als vor Beginn des Projekts.

Wissenschaftlern zufolge könnte ein weltweites Wiederaufforstungsprojekt in diesem Jahrhundert 60 bis 200 Milliarden Tonnen CO_2 binden. Dadurch könnte bis zu einem Viertel des CO_2 aus der Atmosphäre entfernt werden.

Jetzt und in Zukunft

Es muss noch mehr getan werden als aufzuforsten.

Wir sollten diesen schwachen Baum entnehmen.
Was? Warum?
Er macht Platz für nachwachsende Bäume.
Wenn das Holz des Baums nicht VERBRANNT wird, bleibt der Kohlenstoff darin gespeichert.
Ein stabiler und gesunder Wald ist eine wichtige natürliche Kohlenstoffsenke und braucht eine sachgerechte und möglichst naturnahe Pflege, damit er erhalten bleibt.

Rettet die Moore

Moore sind Feuchtgebiete, die DOPPELT so viel Kohlenstoff speichern wie alle Wälder der Erde zusammen. Aber es gibt immer *weniger* Moorland. Wie kommt das?

Moore werden durch ENTWÄSSERUNG und Abbau des trockengelegten TORFS (eine Art Humus) zerstört. Die höchsten CO2-Emissionen weltweit stammen aus der Zerstörung dieser effektiven Kohlenstoffspeicher.
IPCC
Wir brauchen eine klimafreundliche Landwirtschaft, damit die Böden weiterhin große Mengen an CO2 speichern können.

Klimafreundlich anbauen und essen

Wetterextreme, lange Trockenphasen und der Temperaturanstieg machen der Landwirtschaft zu schaffen. Eine nachhaltige Bewirtschaftung von Feldern und Wäldern schont die Natur allgemein und speziell die Böden, da sie wichtige Kohlenstoffsenken sind.

Landwirte stehen heute vor einer sehr schwierigen Entscheidung:
Menschen in der Welt, die ernährt werden müssen
nehmen zu
Obergrenzen für Treibhausgase
werden reduziert
Nutzungsflächen
werden weniger
Hm, das ist eine vertrackte Situation.
Es *gibt* Dinge, die wir tun können.

Wir müssen nicht nur neue Wege finden, wie wir unsere Nahrung anbauen **(Angebot)**, sondern auch unsere Einstellung zu den Nahrungsmitteln ändern, die wir kaufen **(Nachfrage)**.

Umstellung unserer Ernährung

Fleisch (insbesondere Rindfleisch) ist das Nahrungsmittel mit den größten Auswirkungen auf das Klima.

Die **Viehzucht** ist für rund 15 % unserer gesamten Emissionen verantwortlich.

Eine Fläche doppelt so groß wie Russland wird weltweit für die Viehzucht und für den Anbau von Futterpflanzen verbraucht.

Würden wir in Europa nur noch **halb** so viel Fleisch, Milchprodukte und Eier essen, könnten die Emissionen von Treibhausgasen um bis zu **40 %** reduziert werden. Das würde auch ein **Viertel** der für Viehzucht genutzten Landfläche freimachen.

Die Essgewohnheiten der Welt zu ändern, ist jedoch eine ENORME Aufgabe. Lösungen müssen berücksichtigen, was SO VIELE verschiedene Menschen wollen und brauchen ...

... in Bezug auf das Angebot.

Ich bin Rinderzüchter. Wenn die Menschen weniger Rindfleisch essen, wie soll ich dann mein Geld verdienen?

Unternehmen, die ihr Geld mit dem Verkauf von Fleisch verdienen, werden Verluste machen. Wie kann das gerecht gehandhabt werden?

- Finanzielle Anreize für die Produktion von weniger Fleisch?
- Kostenlose Schulungen zum Anbau *anderer* Produkte?

... und in Bezug auf die Nachfrage.

Wir müssen uns gesund ernähren!

Aber ich MAG Fleisch!

Und ich weiß nicht, wie man vegetarische Gerichte zubereitet.

Fleisch enthält **Eiweiß**. Das ist ein Nährstoff, den du zum Wachsen brauchst. Essen die Menschen weniger Fleisch, müssen sie andere Eiweißquellen nutzen, zum Beispiel ...

- ... Nüsse.
- ... Erbsen.
- ... Linsen und Bohnen.

Bleibt die Nachfrage nach Fleisch hoch, wird auch viel produziert. Wie können wir die Menschen dazu bringen, weniger Fleisch zu kaufen?

- Durch eine „Fleischsteuer“, die das Fleisch teurer macht?
- Durch schmackhafte, günstige Alternativen zu Fleisch?
- Durch bessere Aufklärung, wie man Gemüse zubereiten kann?

Der Anbau bestimmter Obst- und Gemüsesorten erzeugt ebenfalls hohe Emissionen, insbesondere wenn die Früchte weit transportiert werden. Wir müssen nicht nur umstellen, *was* wir anbauen, sondern auch *wie* und *wo* es erzeugt wird.

Die Landwirtschaft umstellen

Manche landwirtschaftlichen Produktionsmethoden verursachen mehr Treibhausgasemissionen als andere und müssen daher umgestellt werden.

Änderung der Landnutzung

Wiesen und Weiden speichern Kohlenstoff. Werden sie intensiv landwirtschaftlich genutzt, zum Beispiel für den Anbau von Mais, wird CO_2 freigesetzt. Die Umwandlung von Ackerflächen in Grünland ist eine wichtige Maßnahme zur Reduzierung von CO_2-Emissionen.

Die auf Äckern angebauten Pflanzen nehmen CO_2 aus der Luft auf und geben über ihre Wurzeln Kohlenstoff in die Erde ab.

Durch die Art und Weise, *wie* wir Nutzpflanzen anbauen, verliert der Boden schneller Kohlenstoff, als ihn die Pflanzen wieder an ihn abgeben können.

Ich PFLÜGE meine Felder nach jeder Ernte.
Neiiin, halt! Durch zu viel Pflügen gelangt der Kohlenstoff wieder zurück in die Luft.
Sie könnten andere Pflanzensorten anbauen, für die die Felder weniger oft gepflügt werden müssen.

Aber diese Möglichkeit ist nicht für alle Betriebe umsetzbar. Der Erfolg einer Lösung hängt vom Klima, von den Pflanzensorten und von der Bodenart ab. Daher braucht jeder Betrieb eine *maßgeschneiderte* Lösung. Welche Umstellungen genau machbar sind, hängt von vielen Faktoren ab.

Kann der Betrieb immer noch genug produzieren, um alle zu ernähren?
Sind die passenden Technologien preiswert und verfügbar?
Werden die Verbraucher meinen Mais auch noch kaufen, wenn er anders aussieht?

Manche Umstellungen sind einfach.

Jetzt

Der meiste Reis wird in Nassreis-feldern angebaut.

Bakterien im Wasser erzeugen so viel CH_4, dass Nassreisfelder für 6 % der landwirtschaftlichen Emissionen verantwortlich sind.

In Zukunft

Wir ENTWÄSSERN alle paar Monate unsere Reisfelder. Das senkt die CH4-Emissionen um mehr als 15 %, ohne dass wir weniger Reis anbauen.

Es ist wichtig, dass wir die Emissionen aus dem Reisanbau reduzieren, da die Bevölkerung der Welt immer größer wird. Bis 2030 müssen wir noch mehr Reis anbauen als bisher.

Manche Umstellungen sind radikal.

Jetzt

Durch Viehzucht werden Treibhausgase ausgestoßen.

Rülpsen von Kühen

Lagerung von Mist

Versprühen von Düngemitteln

Abbrennen von Wäldern

In Zukunft

Wir könnten die Emissionen beinahe um die Hälfte reduzieren und nur 1 % der Landfläche verbrauchen. Hier ist eine mögliche Lösung ...

FLEISCH
FLEISCH
FLEISCH
Mit winzigen Zellen von lebenden Tieren können wir Fleisch züchten.

Es schmeckt wie herkömmliches Fleisch und enthält viel Eiweiß. Innerhalb von zwei Wochen lässt sich dieselbe Menge Fleisch erzeugen, die man von einem Rind erhält, das ein Jahr lang aufgezogen wurde.

Weniger Verschwendung

Ein DRITTEL der Nahrungsmittel, die wir weltweit produzieren, wird verschwendet. Das erhöht die Treibhausgasemissionen. Insgesamt ist die Verschwendung für 8 bis 10 % unserer weltweiten Emissionen verantwortlich.

Bis die Nahrungsmittel auf unserem Teller landen, wird in jeder Phase ihrer Reise etwas verschwendet. Nehmen wir zum Beispiel Avocados:

Im Betrieb

Nahrungsmittel werden verschwendet, wenn ...

... Früchte oder Pflanzen schlecht gedeihen und nicht geerntet werden.

... die Ernte nicht vollständig verkauft werden kann.

... reife Früchte bei der Ernte übersehen werden.

... die Ernte bei der Lagerung schlecht wird.

Beim Transport

Nahrungsmittel werden verpackt und per Flugzeug, Schiff oder Lastwagen in die ganze Welt transportiert. Sie werden verschwendet, wenn ...

... die Verpackung zerstört wird und die Nahrungsmittel schlecht werden.

... die Produkte in ihren Verpackungen beschädigt werden.

... der Transportweg zu lang ist und die Produkte unterwegs schlecht werden.

Beim Verbraucher

Wenn die Nahrungsmittel in Supermärkten, Restaurants und beim Verbraucher angekommen sind, werden sie verschwendet, wenn ...

... Supermärkte vor Ablauf des Haltbarkeitsdatums nicht alles verkaufen können.

... die Menschen gekaufte Produkte nicht verwenden.

... Restaurants zu viel einkaufen oder zu viel zubereiten.

... die Menschen Reste wegwerfen.

Warte mal. Verschwendung ist natürlich niemals gut. Aber wie erzeugt das Emissionen?

Die Verschwendung von Nahrungsmitteln trägt auf diese Weise zum Anstieg von Treibhausgasen bei:

In Mülldeponien

Viele Nahrungsmittel enden ungenutzt auf Mülldeponien. Bei ihrer Verrottung setzen sie CO_2 und CH_4 frei.

Unnötiger Treibstoff- und Platzverbrauch

Würden wir weniger Lebensmittel vergeuden, wüssten wir besser, wie viel wir tatsächlich konsumieren. Eine reduzierte Produktion spart Energie für Anbau, Transport und Lagerung.

Lösung des Müllproblems

Um unser Müllproblem zu lösen, brauchen wir keine tollen neuen Ideen. Wir haben sie bereits, wir müssen sie nur besser umsetzen. Hier sind einige Beispiele.

Im Betrieb

Erntemaschinen lassen stets einen Teil der Ernte zurück. Erntehelfer holen den Rest ein.

Beim Transport

Wenn Supermärkte REGIONAL und biologisch angebaute Produkte anbieten, müssen die Nahrungsmittel nicht so weit transportiert werden.

Beim Verbraucher

Nahrungsmittelreste können in **Kompost** umgewandelt werden. Das ist ein Humus, der wichtige Pflanzennährstoffe enthält. Dadurch entsteht weniger CH_4 als auf Mülldeponien.

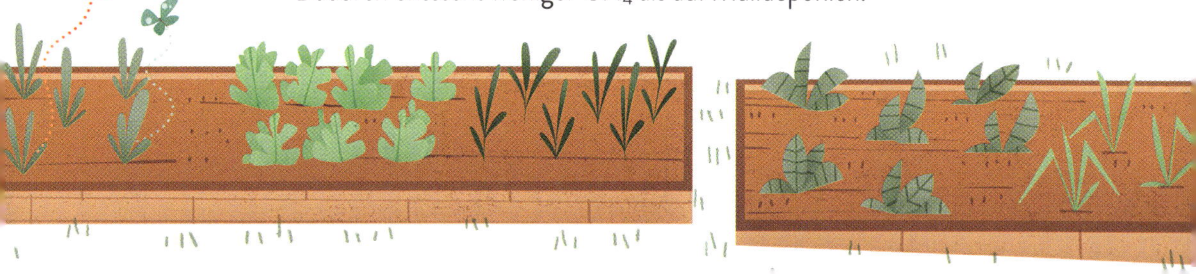

Verreisen

Verkehrsmitteln sind für rund 14 % der gesamten Treibhausgasemissionen verantwortlich und ihr Anteil nimmt noch SCHNELLER zu als alle anderen Emissionen.

Hier ist ein grober Vergleich der wichtigsten Verkehrsmittel, der zeigt, wie viel Gramm CO_2 pro Passagier pro km (g/km) ausgestoßen wird.

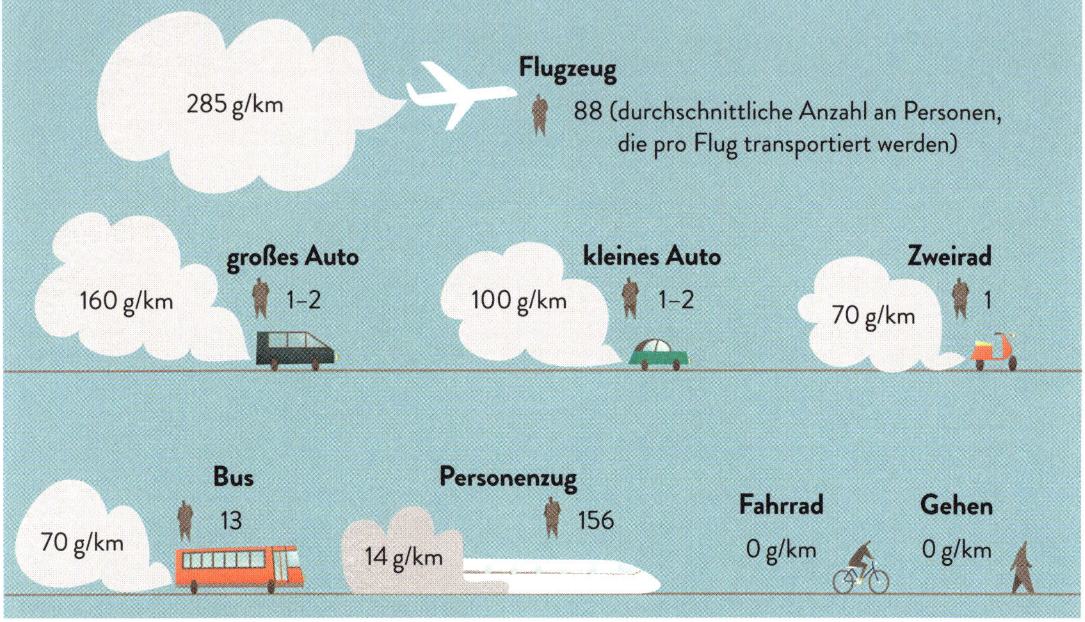

Nur 10 % der weltweiten Bevölkerung sind für 80 % aller Emissionen von Fahrzeugen verantwortlich.

Das bedeutet, dass diese Emissionen in Zukunft stark zunehmen könnten. Wenn die Anzahl an Flügen weiter steigt, könnten Flugzeuge ein Viertel des GESAMTEN weltweiten CO_2-Budgets für eine Erwärmung um 1,5 °C bis 2050 verbrauchen.

Die Straßenverkehrsemissionen von Motoren in Autos und Lastwagen sind *derzeit* für drei Viertel der Fahrzeugemissionen verantwortlich.

Unten siehst du einen umsetzbaren ENTWURF für Einzelpersonen, Unternehmen und Regierungen, um Straßenverkehrsemissionen zu *reduzieren*.
Diese Ansätze wirken am besten im Zusammenspiel. Wir können die Menschen nicht auffordern, ihre Autos stehenzulassen, wenn es keine Busse oder Züge als ERSATZ gibt. Wir brauchen Lösungen, die sich gegenseitig ERGÄNZEN.

Fahrten vermeiden

- Städte werden so geplant, dass man alles zu Fuß erreichen kann.
- Unternehmen ermöglichen ihren Angestellten, im Homeoffice zu arbeiten.

Umweltfreundliche Alternativen bereitstellen

- Regierungen investieren in den öffentlichen Nahverkehr, damit dieser günstiger, effizienter und attraktiver wird.
- Regierungen planen mehr Fahrradwege, die es sicherer und einfacher machen, mit dem Rad zu fahren.

Auf fossile Brennstoffe verzichten

- Treibstoffe auf Erdölbasis werden durch umweltfreundlichere Treibstoffe wie Methan oder Biotreibstoff ersetzt.
- Nutzung von Elektrofahrzeugen, angetrieben von sauberem Strom

Erhöhte Effizienz

- Ingenieure entwickeln leichtere Autos und verbesserte Motoren, die weniger Treibstoff verbrauchen.
- Statt allein zu fahren, bilden Menschen Fahrgemeinschaften.
- Förderung von Elektrofahrrädern und anderen neuen Technologien

Hochgeschwindigkeitszüge, die fußgängerfreundliche Städte verbinden, sind eine ATTRAKTIVE Aussicht für die Zukunft.
Aber wir müssen uns auch um den Flugverkehr kümmern. Bisher gibt es keine praktischen Lösungen, um das Fliegen emissionsfrei zu machen.

Folge den Fußabdrücken

Wenn Güter hergestellt, transportiert, verbraucht und entsorgt werden, entstehen Treibhausgase. Die Menge an CO_2, die ein Gegenstand verursacht, ist seine **CO_2-Bilanz**, oder **CO_2-Fußabdruck**.

Der **CO_2-Fußabdruck** gibt an, wie viel CO_2 ein Produkt abgibt.

Direkte Emissionen werden vom Produkt selbst verursacht.
Herstellung des Produkts
Nutzung des Produkts
Transport des Produkts
Indirekte Emissionen werden von Prozessen verursacht, die um das Produkt herum ablaufen.
Emissionen durch die Herstellung von Material, aus dem das Produkt gemacht wird
Emissionen durch die Entsorgung des Produkts
Emissionen durch den Transport von Menschen, die das Produkt kaufen

Der britische Wissenschaftler Mike Berners-Lee hat ein Buch mit dem Titel *Wie schlimm sind Bananen?* geschrieben, in dem er versucht, den CO_2-Abdruck von vielen verschiedenen Dingen zu berechnen. Dafür schätzte er, wie viel Gramm (g) Kohlenstoff ein Produkt direkt oder indirekt erzeugt.

Der CO_2-Abdruck einer Banane ist ziemlich klein. Bananen sind lange haltbar, weswegen sie mit dem Schiff transportiert werden können und nicht per Flugzeug. Zudem kommen sie in einer eigenen Verpackung – ihrer Schale.

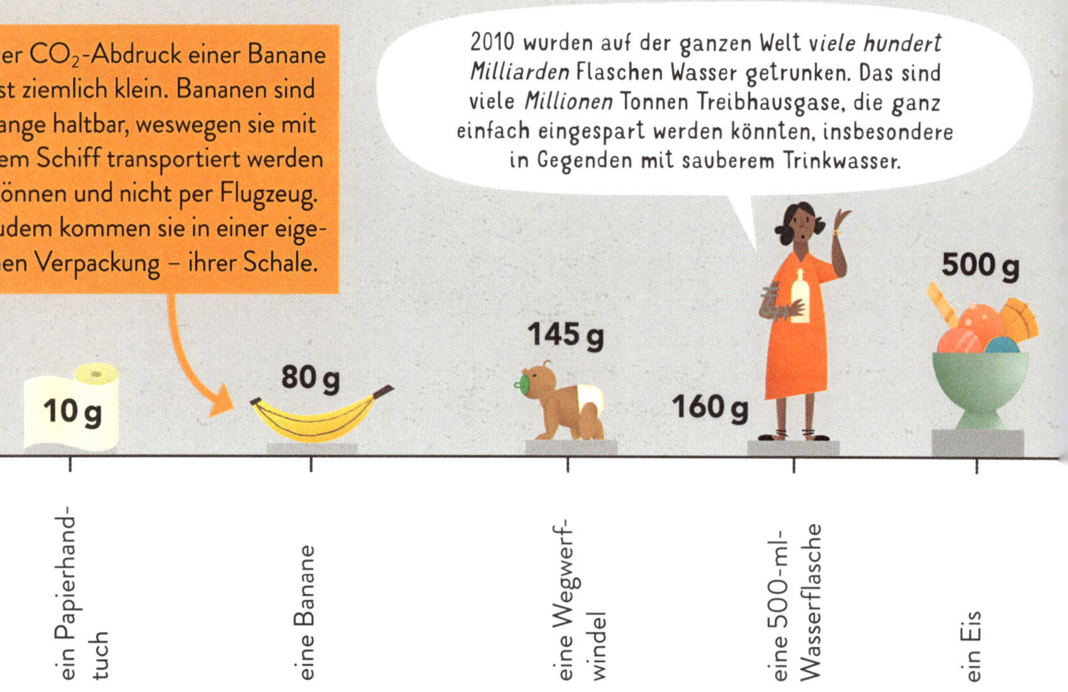
2010 wurden auf der ganzen Welt *viele hundert Milliarden* Flaschen Wasser getrunken. Das sind viele *Millionen* Tonnen Treibhausgase, die ganz einfach eingespart werden könnten, insbesondere in Gegenden mit sauberem Trinkwasser.
10 g
80 g
145 g
160 g
500 g
ein Papierhand-tuch
eine Banane
eine Wegwerf-windel
eine 500-ml-Wasserflasche
ein Eis

Den CO_2-Fußabdruck verkleinern

Unternehmen können genau analysieren, wie ein Produkt hergestellt und verwendet wird, um seine Emissionen zu reduzieren. Jeder von uns hat einen CO_2-Abdruck aufgrund der Art und Weise, wie wir leben.

Ein Flug von London nach Hongkong hat einen CO_2-Abdruck von rund 60 000 Bananen.

Die letzte Spalte dieser Tabelle würde diese Seite um mehrere Kilometer übersteigen.

Datenverwaltungssysteme vernetzen Computer und das Internet miteinander. Sie verursachen 3 % des weltweiten Stromverbrauchs. Das ist mehr, als die meisten Länder verbrauchen.
Der jährliche CO_2-Abdruck eines Menschen beträgt im Durchschnitt 6,8 Tonnen. Bewohner Nordamerikas haben dagegen einen Durchschnittswert von 27,2 Tonnen. Tipps, wie du deinen persönlichen CO_2-Abdruck verringern kannst, findest du auf Seite 106.
Ein Desktop-Computer verbraucht 30 g Kohlenstoff pro Stunde.
Jede E-Mail, die du verschickst, jedes Video, das du anschaust, jedes Foto, das du speicherst, hat einen CO_2-Abdruck.
Ein großer Sack Reis erzeugt mehr Emissionen als 1,9 l Dieseltreibstoff.
Zement ist für 4 % der weltweiten Treibhausgasemissionen verantwortlich.
910 g
4 kg
11,5 kg
800 kg
4,6 t
700 Mio. t
1 kg Zement
1 kg Reis
ein Paar Schuhe
Herstellung eines Desktop-Computers
ein Flug von London nach Hongkong
alle Datenverwaltungssysteme der Welt zusammen

Große, grüne Städte

Experten sagen voraus, dass 70 % der Weltbevölkerung bis 2050 in großen Städten leben werden. Um den weltweiten Temperaturanstieg auf 1,5 °C zu begrenzen, dürfen Städte viel weniger Treibhausgase ausstoßen und müssen viel mehr aufnehmen.

Weniger ausstoßen

Eine veränderte Stadtplanung und Energieversorgung können die Emissionen drastisch reduzieren.

Mehr aufnehmen

Pflanzen wachsen beinahe überall. Je mehr Pflanzen, desto mehr CO_2 wird absorbiert.

Gebäude können so gebaut oder renoviert werden, dass sie weniger Energie verbrauchen.
Der gesamte Strom in meiner Gegend wird mit WINDKRAFT erzeugt.
Helle Farben haben eine hohe Albedo. Ich streiche mein Gebäude weiß, damit es mehr Wärme reflektiert. So bleibt es im Inneren kühler und wir müssen unsere Klimaanlage viel seltener einschalten!
Neue Regeln können das Verhalten der Menschen ändern.
Keine Autos im Stadtzentrum, tut mir leid!
Straßen mit Bäumen
Parks und Grünflächen
Ahhh, frische Luft!
begrünte Dächer
platzsparende Gärten

Umstellung

Viele Städte müssen nicht nur die Folgen der Klimakrise *reduzieren*, sie müssen sich auch an die neuen Lebensbedingungen *anpassen*. *Wie* diese Umstellungen genau aussehen, hängt davon ab, wo die Städte liegen und wie sich die jeweiligen Klimabedingungen vor Ort verändern.

Vielleicht muss die gesamte Planung einer Stadt angepasst werden.

Die Hälfte der Brunnen, die unsere Stadt mit Wasser versorgen, ist ausgetrocknet.
Die Stadtverwaltung musste eine Rohrleitung zu einem Fluss verlegen, der Hunderte von Kilometern entfernt ist.
Jetzt sammeln wir Regenwasser in einem Wasserspeicher.
Sie dürfen die Pflanzen nicht wässern. Wir haben unsere tägliche Wasserration schon fast aufgebraucht!
Kommt wieder rein! Ihr verbrennt da draußen!

Das alltägliche Leben der Menschen könnte sich ändern.

Städte und Dörfer in der ganzen Welt stellen sich bereits um. In Rotterdam in den Niederlanden wurde eine riesige Hochwasserschutzwand errichtet, die von einem Supercomputer gesteuert wird, und in Neu-Delhi gibt es Regeln, dass die Einwohner ihre Autos nur alle zwei Tage nutzen dürfen. Gibt es ähnliche Anpassungen in deiner Stadt?

Klimafreundlich kühlen

Einer der größten Widersprüche der weltweiten Erhitzung besteht darin, dass viele Verfahren, mit denen wir Lebensmittel oder unsere Wohnungen KÜHLEN, das Klima AUFHEIZEN.

Kältemittel

Klimaanlagen, Kühlschränke, Gefrierschränke und andere Geräte enthalten **Kältemittel**, die für die Kühlung sorgen. Diese Gase sind nützlich, aber gefährlich, wenn sie in die Atmosphäre gelangen.

Die am weitesten verbreiteten Kältemittel sind **Fluorkohlenwasserstoffe (FKW)**. Sie gehören zu den gefährlichen Treibhausgasen.

Tatsächlich sind FKWs VIELE TAUSENDMAL umweltschädigender als CO_2. Wir sollten also so wenig wie möglich von diesen Gasen ausstoßen, um die Erde nicht noch drastischer zu erhitzen.

FKW-Emissionen entstehen bei ...

... der Herstellung der oben genannten Geräte.
... der Entsorgung der Geräte.
... undichten Stellen.

Derzeit sind FKWs und andere Kältemittel für weniger als 1 % unserer Treibhausgasemissionen verantwortlich, doch stellen sie aus zwei Gründen eine große Bedrohung dar:

1. Die Nachfrage nach Kühlgeräten steigt, da die Weltbevölkerung immer größer und der Planet immer heißer wird. Daher werden auch die Emissionen zunehmen.

2. 90 % der FKW-Emissionen entstehen, wenn die Kältemittel bei der Entsorgung der Geräte auslaufen. Es gibt Millionen von Geräten weltweit. Manche sind jahrzehntealt und müssen irgendwann entsorgt werden.

Auch wenn FKWs nur einen geringen Teil unserer Emissionen ausmachen, könnten ihre Abschaffung und sichere Entsorgung die zukünftige Erhitzung um 0,5 °C reduzieren. In Bezug auf unser Klima ist das eine MENGE.

Eine derart große Bedrohung erfordert eine weltweite Antwort. Im Jahr 2016 trafen Vertreter aus über 170 Ländern in Kigali, Ruanda, zusammen, um sich auf ein Abkommen zu einigen, das den Gebrauch von FKWs verbietet.

Nennen wir es ... das KIGALI-ABKOMMEN!
Wir haben sieben Jahre gebraucht, um uns auf alle Einzelheiten zu einigen.

Das Kigali-Abkommen ist ein gutes Beispiel für eine Lösung, die GERECHT sein musste, um überhaupt umgesetzt zu werden.

Wir wollen uns ein EHRGEIZIGES Ziel setzen. Bis 2021 müssen alle Länder die Verwendung von FKWs einstellen. Stattdessen können Ammoniak und andere, weniger umweltschädliche Gase verwendet werden.
Unmöglich!
Reiche Länder können es sich vielleicht leisten, die Produktion von Klimaanlagen und Gefrierschränken in kurzer Zeit umzustellen, aber wir nicht!

Das erzielte Abkommen war ein KOMPROMISS, mit dem alle Beteiligten zufrieden waren.

Abkommen von Kigali

- Länder werden ihre FKW-Verwendung um über 80 % reduzieren. Die wohlhabenden Länder müssen das bis 2036, alle anderen bis 2047 geschafft haben.
- Reichere Länder werden ärmere Länder finanziell unterstützen, damit diese die erforderlichen Änderungen durchführen können.
- Alle Länder, die die Vereinbarungen nicht einhalten, müssen Geldstrafen bezahlen.

Unterzeichnet

EXTREME Lösungen

Die Meere, das Wetter oder den Boden unter unseren Füßen verändern – das können sonst nur Super-Schurken in Science-Fiction-Filmen. Manche Wissenschaftler sind jedoch der Ansicht, dass wir dadurch zur RETTUNG des Planeten beitragen.

Steine sind ein erstaunlich vielseitiges Material. **Pulverisiertes Gestein** kann sehr viel CO_2 aufnehmen, insbesondere wenn es in einer dünnen Schicht auf dem Boden verteilt wird.

Aus diesem Berg mache ich kleine Steinchen!
MEGA-PULVER

Die richtigen Steine am richtigen Ort können zu BESSEREM WACHSTUM von Nutzpflanzen beitragen.

Die Pulverisierung von Gestein zu kleinen Körnern VERBRAUCHT aber Energie und Chemikalien, die in den Boden sickern und die Umwelt schädigen können.

Pulverisiertes Gestein kann den Säuregehalt der Meere reduzieren. Das bedeutet, dass das Wasser mehr CO_2 absorbiert.

Alternativ können wir die **Meere mit Eisen oder Stickstoff düngen**, damit mehr Algen wachsen. Riesige Algenfelder nehmen große Mengen an CO_2 auf und speichern es.

Steinpulver
Algenblüte

Die Manipulation von Ozeansystemen ist ausgesprochen riskant. Wenn die Veränderungen nur vorübergehend sind, ziehen sie das CO_2 nur für kurze Zeit aus der Atmosphäre. Nehmen die Meere wieder ihren ursprünglichen Zustand an, wird das CO_2 freigesetzt und die Temperaturen steigen erneut.

Und falls wir gar nicht mehr weiterwissen, stehen schon tolle und tollkühne IDEEN bereit. Grundsätzlich geht es dabei darum, die Erde direkt zu kühlen. Wir erhöhen ihre Albedo, damit sie mehr Wärme reflektiert.

Bei Vulkanausbrüchen treten Gase aus. Diese kühlen den Planeten, indem sie weniger Sonnenlicht durchlassen. Wir könnten etwas Ähnliches tun ...
Flugzeuge könnten Gase ganz hoch oben in der Atmosphäre verteilen, die die Sonne verdunkeln. Ist das verrückt oder bin ich ein GENIE?

Wir könnten Salz in die Wolken sprühen, damit sie mehr Sonnenlicht reflektieren.
Wir könnten Gletscher mit reflektierenden Planen abdecken, um ihre Temperatur zu senken.

Wir wissen nur leider noch nicht, wie wirksam diese Lösungen sind – oder ob sie unerwünschte Folgen haben.

Vielleicht führt die Beeinflussung der Wolken woanders zu stärkeren Regenfällen?
Stell dir vor, jedes Land macht sein eigenes Wetter! Das kann doch niemand mehr kontrollieren!

Es gibt noch *sehr viel* zu erforschen.

Wir schaffen das!

Um die Erwärmung der Erde auf 1,5 °C zu begrenzen, müssen wir bis zum Jahr 2050 CO_2-neutral sein. Wir müssen neue Wege finden, wie wir Strom produzieren, wie wir Nahrungsmittel erzeugen, wie wir uns fortbewegen ... und das alles ganz SCHNELL! Wie machen wir das?

Es ist eine RIESIGE Herausforderung, aber wir brauchen dafür keine fantastischen Superkräfte, sondern einfach nur ganz normale menschliche Kräfte – Fähigkeiten, die jeder von uns hat.

Ich kann gut KLARE ZIELE setzen, egal ob es sich um ein internationales Abkommen oder einen Plan zur Anpassung deiner Wohnung handelt. Jedes Projekt braucht ein Ziel, auf das wir hinarbeiten.
1 Million Bäume pflanzen!
Captain Zielscheibe
Meine Fähigkeit ist die KOMMUNIKATION. Nationale und regionale Regierungen müssen sich stets gegenseitig auf dem Laufenden halten und ihre Informationen weitergeben.
LADY AUSTAUSCH
Seid VERTRAUENSWÜRDIG, so wie ich. Regierungen müssen versprechen, ihre Emissionen zu reduzieren und ihre Versprechen halten.
MV
MISTER VERTRAUEN
Meine Kraft liegt im FACHWISSEN. Alle Lösungen müssen auf den neuesten Erkenntnissen aufbauen.
Der Professor
GRETA BLITZSCHNELL
SAUS!
SAUS!
Ohne meine SCHNELLIGKEIT geht gar nichts! Kein Land schafft es in dem bisherigen Tempo, die Erwärmung auf 1,5 °C zu begrenzen. Wir müssen blitzschnell handeln!

All diese Fähigkeiten sind wichtig, um Verträge, Pläne und Aktionen zu entwickeln, die FUNKTIONIEREN. Laut des Weltklimarats sind vor allem Änderungen in drei Bereichen entscheidend: Technologie, Investitionen und unser eigenes Verhalten.

Technologie

Wir müssen dafür sorgen, dass sich die Technologie schnell genug weiterentwickeln kann. Sie muss kostengünstig und überall dort verfügbar sein, wo sie gebraucht wird.

Investitionen

Wir müssen viel, viel mehr Geld in Technologien, Ideen und Programme investieren, die Emissionen reduzieren.

Gebt Landwirten Geld, damit sie klimafreundliche Maschinen kaufen können. Schnell!
SAUS!
SAUS!
Nach meinen Berechnungen müssen wir 20 Milliarden US-Dollar in neue Windparks investieren.
Außerdem müssen wir 15 000 neue Kräfte ausbilden, die dort arbeiten.

Unser eigenes Verhalten

Regierungen haben nur bis zu einem gewissen Grad Einfluss auf das Verhalten der Menschen. Wir müssen verstehen, wie wir die Menschen dazu bringen, ihre Lebensweise *freiwillig* zu ändern.

Ich habe gehört, dass die Leute eher umweltfreundlich handeln, wenn sie mit ihren Freunden darüber sprechen.
FLOCKEN
MV
Wenn wir ein Symbol auf ein Nahrungsmittel drucken, das zeigt, dass es aus einem emissionsarmen Betrieb stammt, steigert das vielleicht das Vertrauen in das Produkt.

Es gibt viele Dinge, die wir tun *müssen*, und noch viel mehr Dinge, die wir tun *können*. Wir KÖNNEN es schaffen. Aber werden wir das auch?

GRETA FOREVER
Hallo! Ich habe Pizza mitgebracht!
Hey, warum schreit ihr so? Was ist los?
PIZZA
PIZZA
PIZZA

4. Kapitel: Warum tun wir so wenig?

Die Welt verfügt über das Fachwissen und die erforderlichen Technologien, um die Klimakrise in Angriff zu nehmen, aber es geschieht nicht schnell genug. Wie kommt das?

Wir versuchen gerade, die Welt zu RETTEN.
Aber Ben hat unrecht! Wir müssen unser Dach mit GRAS bepflanzen!
Nein, das Dach muss zur Hälfte mit SOLARMODULEN ausgerüstet werden. Den Rest müssen wir weiß streichen!
Gibt es irgendetwas, worüber die beiden sich mal EINIG sind?

Das Problem mit Problemen

Selbst wenn du dir eine Lösung für ein Problem überlegst, heißt das nicht, dass sich die Lösung so einfach in die Praxis umsetzen lässt.

Nehmen wir einmal dieses Problem:

Menno, eins der Räder an meinem Skateboard ist abgegangen. Ich muss es wieder anschrauben.
Ich habe nicht den richtigen Schraubendreher.
Ich habe kein Geld, um mir einen zu kaufen.
Ich weiß überhaupt nicht, *wie* ich das Rad wieder anschraube.
Ben könnte mir helfen, aber er ist bei seinem Freund.
So viele Probleme. Puh, ich gebe auf.
Deine EINSTELLUNG ist das größte Problem, Dani. Ändere deine Denkweise, dann schaffst du auch den Rest!

Danis Problem ist nicht groß. Aber die Lösung ist für sie gar nicht so einfach.

Um das kaputte Skateboard zu reparieren, muss Dani zunächst Wege finden, die *anderen* Probleme zu lösen. Sie könnte eine Freundin fragen, ob sie einen passenden Schraubendreher hat. Oder sie könnte ihre Eltern bitten, ihr Geld zu leihen, damit sie ihr Skateboard in einem Geschäft reparieren lassen kann.

Die Klimakrise ist ein dickes Knäuel aus Problemen. Es gibt verschiedene Möglichkeiten, um es aufzulösen, aber das erweist sich als schwierig. Wie bei Danis Skateboard stehen *andere* Probleme im Weg.

Die Bevölkerungszahl wächst stetig. Wir müssen genug Energie bereitstellen, damit alle Menschen gut leben können.

Der Klimawandel ist vielleicht wichtig, aber es gibt eine weltweite Pandemie. Wir müssen uns zuerst *darum* kümmern!

In diesem Kapitel stellen wir einige dieser „anderen" Probleme vor. Manche müssen wir lösen. Manche müssen wir akzeptieren und uns entsprechend anpassen.

Menschen haben unterschiedliche Auffassungen, wie die „anderen" Probleme aussehen und welche davon wichtiger sind.

Das WAHRE Problem liegt darin, dass viele reiche, umweltbelastende Unternehmen nur darauf erpicht sind, mehr Geld zu verdienen. Die Folgen sind ihnen egal.

Nein! Diese Unternehmen geben den Menschen Arbeit. Das WAHRE Problem liegt darin, dass die Regierungen nicht die richtigen Regeln aufstellen. Sie sollten Gesetze erlassen, die Unternehmen dazu zwingen, die Umwelt zu schützen.

NEIN! Die MENSCHEN sind das WAHRE Problem. Wir alle wollen immer nur tolle neue Sachen, die mit fossilen Brennstoffen produziert werden. Also geben uns die Unternehmen und Regierungen, was wir wollen.

Diese drei Menschen haben weder recht noch unrecht. An einer Sache gibt es jedoch keinen Zweifel: Wenn wir die Krise lösen wollen, müssen wir Wege finden, wie wir verschiedene Ansichten unter einen Hut bringen.

Ungerechtigkeit der Klimakrise

Arme Länder haben am meisten unter den Folgen der Klimakrise zu leiden, obwohl sie am wenigsten dazu beitragen. Dazu kommt, dass diese Länder selten ein Mitspracherecht bei klimapolitischen Entscheidungen haben, die überwiegend von den Industrieländern getroffen werden.

Junge Menschen

In der Zukunft müssen die Kinder und Jugendlichen von heute die Folgen der Handlungen bewältigen, für die ältere Menschen HEUTE verantwortlich sind.

Die meisten Erwachsenen sorgen sich nur um die nächsten paar Jahre. Sie denken nicht daran, was in 50 Jahren sein wird, wenn WIR alt sind.

Frauen

In vielen Teilen der Erde haben Frauen nicht die gleichen Rechte wie Männer. Sie erhalten weniger Geld für ihre Arbeit und haben weniger berufliche Chancen. Vor allem in armen Ländern sind Frauen von harten Lebensbedingungen und Naturkatastrophen stärker betroffen, insbesondere wenn sie Kinder versorgen müssen.

Ich wäre gern Ärztin geworden, aber ich musste mit 13 Jahren die Schule verlassen. Ohne Job ist es ein täglicher Kampf, meine Familie zu ernähren, VOR ALLEM wenn eine Hitzewelle den Boden austrocknet.

Arme Länder

Arme Länder leiden aufgrund ihrer geografischen Lage besonders unter Hitzewellen, Dürren oder Überschwemmungen. Wenn sich neue Krankheiten in Ländern ohne ausreichende Krankenversorgung ausbreiten, kann das wie in diesem Beispiel verheerende Folgen haben:

Mücken haben eine neue Krankheit nach Moldawien eingeschleppt. Die Krankenhäuser sind voll und die Ärzte können nicht alle behandeln!

Mehr Gerechtigkeit

Das Vorhaben, den Klimawandel gerechter zu machen, wird als **Klimagerechtigkeit** bezeichnet. Es gibt viele Ideen, wie das umgesetzt werden könnte.

Bürgerbeteiligung

Bürger erhalten ein **Mitspracherecht** bei Entscheidungen ihrer Gemeinde, Stadt oder ihres Landkreises. Bei Umfragen oder in Diskussionsgruppen bringen sie aktiv ihre Meinungen, Ideen und Lösungsvorschläge ein.

Was denkst du, Dani?

Gleichberechtigung

In Ländern, in denen Frauen benachteiligt sind, muss Geschlechtergerechtigkeit eingeführt werden, um Mädchen und Frauen zu stärken. Alle Mädchen sollen Zugang zu Bildung haben, um später eine gute Arbeit zu finden und selbstbestimmt leben zu können.

Ich bin Ärztin! Meine Mutter hat als Mädchen immer davon geträumt, Ärztin zu werden.
Jetzt verdient meine Tochter genug Geld, um mich UND ihren kleinen Sohn zu ernähren.

Mit Geld und Know-how helfen

Hilfsorganisationen fordern, dass die Industrienationen die armen Länder bei der Anpassung an die Folgen der Klimakrise finanziell unterstützen. Auch sollen neue Technologien kostenlos geteilt werden, denn klimafreundliche Technologien werden in den Ländern entwickelt, die Geld in Forschung und Entwicklung investieren können.

Oh! Wissenschaftler in Japan haben einen Impfstoff entwickelt. Ich hoffe, wir können ihn nutzen.
SIRR!

Wachstum um jeden Preis?

In einem Land werden Güter produziert, verkauft und gekauft, um die Bedürfnisse der Menschen zu befriedigen. Das nennt man wirtschaften. Auch Dienstleistungen zählen zur Wirtschaft. Wenn ein Land reicher wird, spricht man vom Wachstum der Wirtschaftsleistung.

Viele Menschen sind der Meinung, dass die Art, *wie* wir wirtschaften, schuld an der Klimakrise ist.

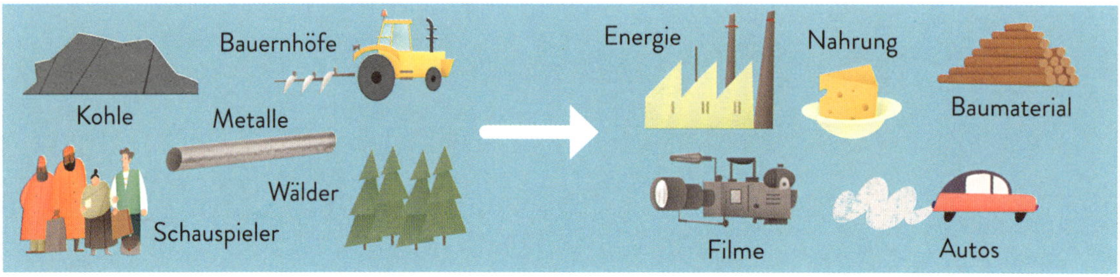

Durch den internationalen Handel sind die Wirtschaften *aller* Länder in den vergangenen 150 Jahren gewachsen, einige mehr, andere weniger. Wachstum hat für bessere Lebensstandards gesorgt, deshalb wollen viele noch mehr Wachstum.

1919

70 % der Weltbevölkerung lebten in extremer Armut.

2019

9 % der Menschen leben in extremer Armut.

Ein glückliches Paar?

Mit dem Wachstum einer Wirtschaft geht in den meisten Fällen ein erhöhter Verbrauch an Energie einher, die überwiegend aus fossilen Brennstoffen stammt. Wirtschaftswissenschaftler sprechen deshalb von einer **Kopplung** aus Wachstum und fossilen Brennstoffen.

Was muss sich in den Ländern ändern, in denen sowohl das Wirtschaftswachstum als auch der Ausstoß an Treibhausgasen zunehmen?

Entkopplung

Wenn wir unseren Planeten schützen wollen, muss nach Meinung der Kritiker das Wachstum aufhören. Die meisten Untersuchungen zeigen jedoch, dass Wachstum und eine *gleichzeitige* Reduzierung von Emissionen *möglich* ist. Das ist die sogenannte **Entkopplung** des Wachstums von den Emissionen. Es gibt viele verschiedene Umsetzungsvorschläge.

Wenn wir SAUBERE Energie so GÜNSTIG erzeugen, dass die Menschen fossile Brennstoffe aufgeben und die erneuerbaren Energien nutzen, ist ein höherer Energieverbrauch nicht mehr so schädlich für die Umwelt.
Vor allem in reichen Ländern kaufen die Menschen gern NEUE Produkte. Ihre gesamte Herstellung erzeugt aber Treibhausgase. Vielleicht müssen wir lernen, die einfachen Dinge im Leben wieder mehr zu schätzen?
Wir nehmen als Maßstab für Wachstum „den gesamten Wert aller Dinge, die ein Land Jahr für Jahr produziert". Warum ändern wir nicht einfach die Messgrößen?
Wenn wir messen würden, wie glücklich die Menschen sind und wie sehr wir mit unserer Art des Wirtschaftens den Planeten schädigen, bekämen wir vielleicht ein besseres Bild davon, welchen Preis wir für das Wirtschaftswachtum zahlen.

Die Diskussion über das Wachstum ist *wirklich* wichtig. Die Art und Weise, wie die Wirtschaften der Welt wachsen, hat großen Einfluss darauf, wie gut wir die Klimakrise in den Griff bekommen.

Gemeinsam gegen die Klimakrise

Wir wissen längst, dass die Erde heißer wird, und können uns trotz aller Warnungen von Wissenschaftlern, trotz der Fakten und der bereits sichtbaren Folgen nicht auf einen gemeinsamen Plan einigen. Warum ist das so?

Obwohl mehr als 160 Länder im Jahr 1992 das erste Mal beschlossen haben, den Ausstoß von Treibhausgasen auf den Wert von 1990 zu begrenzen, sind die weltweiten Emissionen um 50 % GESTIEGEN.

Seit Beginn der Aufzeichnungen haben die USA mehr Treibhausgase ausgestoßen als jedes andere Land. Um die Ziele des Übereinkommens von Paris zu erreichen, müssen die Emissionen weltweit bis 2030 jedes Jahr um 7 % SINKEN.

Teilen ist schwer

Menschen teilen ungern, selbst wenn sie genau wissen, dass es eigentlich eine gute Sache wäre.
Häufig brauchen Menschen oder Gruppen Dinge schnell auf, die sie eigentlich mit anderen teilen müssten. Das geschieht aus Egoismus und ohne zu überlegen, wie sich Entscheidungen auf alle anderen auswirken.

Schauen wir uns mal Verkehrsstaus an. Viele finden es schneller und bequemer, mit dem eigenen Auto zur Arbeit zu fahren, als den Bus zu nehmen.

Aber je mehr das eigene Auto nehmen, desto weniger Platz ist auf den Straßen und desto länger dauert die Fahrt.

Also haben alle einen Nachteil, selbst wenn jeder *Einzelne* eine Entscheidung getroffen hat, die für ihn durchaus richtig erschien.

Alle Länder teilen sich dasselbe Klima. Regierungen verstehen vielleicht, dass sie ihre Emissionen reduzieren *sollten*. Aber es ist sehr verlockend, sich egoistisch zu verhalten, wenn man dadurch besser wegkommt (und befürchtet, dass die anderen es auch nicht anders machen). Was können wir tun?

Die US-amerikanische Wirtschaftswissenschaftlerin Elinor Ostrom verbrachte viele Jahrzehnte mit der Untersuchung von Gruppen, denen es gelang, Dinge fair zu teilen, ohne sie vollständig aufzubrauchen.

Ostroms grundlegende Erkenntnis war, dass eine Zusammenarbeit nur funktioniert, wenn die Beteiligten allen anderen Gruppenmitgliedern sowie den gemeinsam vereinbarten Regeln vertrauen. Sie müssen sich wie eine eingeschworene Gemeinschaft verhalten.

Aber wie kann die Welt zu einer großen Gemeinschaft zusammenwachsen?

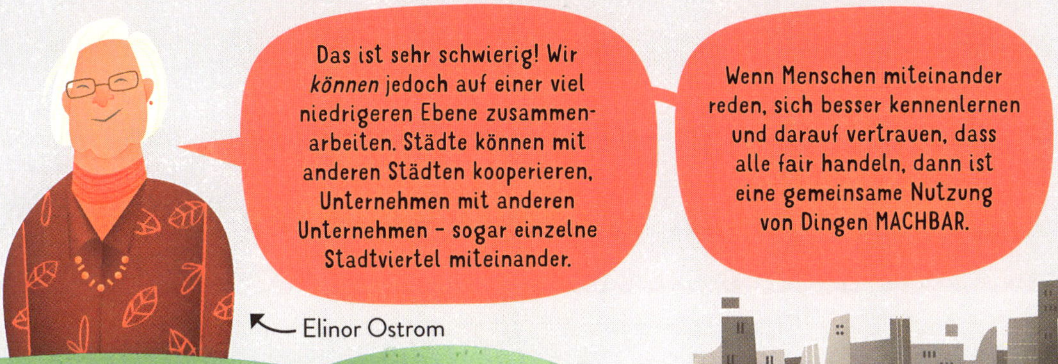
Das ist sehr schwierig! Wir *können* jedoch auf einer viel niedrigeren Ebene zusammenarbeiten. Städte können mit anderen Städten kooperieren, Unternehmen mit anderen Unternehmen – sogar einzelne Stadtviertel miteinander.
Wenn Menschen miteinander reden, sich besser kennenlernen und darauf vertrauen, dass alle fair handeln, dann ist eine gemeinsame Nutzung von Dingen MACHBAR.

← Elinor Ostrom

Zwanzig nordamerikanische Städte haben versprochen, gemeinsam ihre Energiebilanz und ihre Emissionen bis 2030 um die Hälfte zu reduzieren.

Wenn wir schnell und effektiv handeln wollen, müssen wir auf *allen* Ebenen der Gesellschaft anfangen. Wir dürfen uns nicht nur darauf verlassen, dass die Regierungen schon die richtigen Entscheidungen treffen werden.

Unsere Gehirne lassen uns im Stich

Psychologen können erklären, warum es uns schwerfällt, die Klimakrise in den Griff zu bekommen. Sie haben hinderliche Denkmuster erkannt, die es erschweren, dass wir uns mit den Entwicklungen auseinandersetzen.

Gehirne haben kein gutes ZEITGEFÜHL

Menschen mögen lieber kurzfristige Belohnungen als langfristige Vorteile.

Möchten Sie lieber 15 Dollar heute oder 75 Dollar in fünf Jahren?
Natürlich lieber 15 Dollar heute!

Egal wie groß der Vorteil auch sein mag – wenn er zu weit in der Zukunft liegt, wollen wir ihn nicht. Der Lohn für die Bewältigung der Klimakrise tritt nicht sofort ein, daher ist es schwer, Menschen zu motivieren, sich dafür zu interessieren.

Gehirne sind zu OPTIMISTISCH

Die Menschen schätzen die Wahrscheinlichkeit, dass ihnen etwas Gutes geschieht, ebenso falsch ein wie die Wahrscheinlichkeit, dass ihnen etwas Schlechtes widerfährt.

Soll ich bei diesem Gewitter rausgehen und einen Lottoschein kaufen?
Ja, klar!

Es ist viel wahrscheinlicher, dass du vom Blitz getroffen wirst, als dass du den Hauptgewinn ziehst.

Gehirne IGNORIEREN unbequeme Tatsachen

Niemand will glauben, dass das *eigene Handeln* zum Teil für die weltweite Katastrophe verantwortlich ist. Es ist viel einfacher, diese Tatsache zu ignorieren – oder zu leugnen.

Was? Ein Hamburger mehr oder weniger macht doch keinen Unterschied!

Gehirne schätzen ENTFERNUNGEN schlecht ein

Oh nein! Die Buslinie 73 fährt nicht mehr.
TAGESANZEIGER
ARKTISCHES EIS ist fast WEGGETAUT!

Wenn etwas weit weg ist, fällt es schwerer, sich darüber Sorgen zu machen. Weltweite Probleme interessieren uns nicht so sehr wie regionale Neuigkeiten.

Nachrichten über die Klimakrise beinhalten oft die Warnung, dass Eisbären und die Polkappen bedroht sind. Doch für die meisten Menschen in den weit davon entfernten reichen Ländern ist es kaum vorstellbar, dass ein Problem für einen Eisbären auch ein Problem für sie bzw. uns alle ist.

Gehirne verstehen keine GROSSEN Zahlen

Große Zahlen sagen uns nicht viel. Wir können uns nur schwer vorstellen, was es eigentlich bedeutet, wenn „Millionen" von Menschen ihr Land verlassen müssen oder wenn von einer „Milliarde" Tonnen CO_2 die Rede ist.

Menschen nehmen mehr Anteil am Elend einer einzelnen, namentlich genannten Person als am schweren Schicksal einer großen Menge von Menschen.

Warum geben wir den Flüchtlingen so viel Geld?

Ich kann es nicht fassen, dass TOM HANKS Covid-19 hat. Der arme Mann!

Als die Corona-Pandemie 2020 ausbrach, haben viele Länder sofort mit Schutzmaßnahmen reagiert. Aber auch die Klimakrise ist eine enorme Bedrohung und wir tun nicht annähernd genug, um sie aufzuhalten. Da das Problem so groß, so kompliziert und so relativ weit weg ist, fällt es unseren Gehirnen besonders schwer, die Gefahren der Krise zu erfassen.

Wenig hilfreiche Gewohnheiten

Selbst wenn Menschen die Bedrohungen der Klimakrise ERKENNEN, ist es eine ganz andere Herausforderung, sie dazu zu bringen, ihr Verhalten zu ändern. Wenn du zum Beispiel ein Fahrrad hast, warum lässt du dich dann immer noch mit dem Auto zur Schule fahren?

Manchmal besteht die größte Hürde darin, dass du nicht die Gelegenheit hast, etwas zu ändern.

Ich *würde* ja gern mit dem Fahrrad zur Schule fahren, aber ich wohne an einer stark befahrenen Straße. Es ist einfach zu gefährlich.

Aber selbst wenn du etwas ändern kannst, tust du es manchmal trotzdem nicht. Oft steht uns unser Gehirn mit **psychologischen Hürden** im Weg. Hier sind einige Beispiele:

NEUER FAHRRADWEG
JETZT OFFEN!
Mit dem Fahrrad zur Arbeit.
Mit dem Fahrrad zur Schule.
Für die Umwelt.

Wir vergleichen uns mit anderen

Wir lassen uns oft von unseren Mitmenschen beeinflussen. Wie Schafe folgen wir der Herde.

Meine Freunde fahren nicht mit dem Fahrrad zur Schule. Ich will nicht, dass sie mich für komisch halten.
Määääh!

Und wenn ich vom Fahrrad falle?

Veränderungen machen Angst

Alle Risiken, zum Beispiel in Bezug auf deine Gesundheit, dein Geld oder dein Ansehen bei anderen, können dich daran hindern, dein Verhalten zu ändern. Du wirst viel seltener etwas verändern, wenn du etwas verlieren oder einen Nachteil daraus ziehen könntest.

Wir sind bequem

Eine Veränderung ist schwerer, wenn sie unbequem oder mühevoll erscheint. Menschen, die ein bequemes Leben führen, finden es schwierig, auf etwas zu verzichten.

Mit dem Fahrrad?
Nee! Mit dem Auto ist es viel bequemer.

Es fällt schwer, alte Gewohnheiten abzulegen …

… und neue anzunehmen. Veränderungen, mit denen du die Umwelt schützen kannst, sind keine einmaligen Angelegenheiten. Wenn du *einmal* mit dem Fahrrad zur Schule fährst oder *eine Woche* lang weniger Fleisch isst, macht das keinen großen Unterschied. Du musst deine Gewohnheiten langfristig ändern.

Ach, ich gebe auf.
Nein, gib nicht auf. Du schaffst das!

Wenn wir unsere psychologischen Hürden erkennen, *können* wir unsere Gewohnheiten ändern und auch andere dazu motivieren. So zeigen Studien zum Beispiel, dass Menschen ihren Müll viel eher dauerhaft recyceln, wenn sie auffällig gestaltete Mülltonnen bekommen, als wenn sie dafür bezahlt werden.

Unbeabsichtigte Folgen

Manchmal UNTERNEHMEN Menschen etwas aktiv gegen die Klimakrise und machen die Dinge durch unerwünschte Nebeneffekte sogar noch schlimmer.

Hier ist ein Beispiel, wie gutes Verhalten unbeabsichtigt negative Folgen hat. Regina fährt nun mit dem Fahrrad statt mit dem Auto zur Arbeit.

Eine tolle Entscheidung! Regina spart durch das Fahrradfahren Energie.

Aber die Einsparungen könnten auch wieder zunichtegemacht werden:

Regina gibt kein Geld mehr für Benzin aus. Sie entscheidet sich jedoch, von dem Geld neue Laufkleidung zu kaufen, die einen großen CO_2-Abdruck hat.

Verlust der Energieeinsparungen = ¼

Reginas Arbeitsweg ist jetzt kürzer. Sie kann die Zeit nutzen, nach dem Fahrradfahren länger zu duschen. Das verbraucht jedoch Energie.

Verlust der Energieeinsparungen = ⅛

Regina ist stolz auf sich, „etwas für die Umwelt getan zu haben". Daher gönnt sie sich eine Flugreise, um ihren Cousin zu besuchen.

Der Flug verbraucht TAUSENDMAL mehr Energie, als sie eingespart hat.

Wenn jemand bestimmte Verhaltensweisen ändert, aber neue Gewohnheiten annimmt und die Einsparungen damit zunichte macht, wird das als **Rebound-Effekt** bezeichnet.

Ein weiterer Rebound-Effekt:

Obwohl moderne Geräte effizienter sind, nimmt der Energieverbrauch stetig zu, weil sie häufiger verwendet werden.

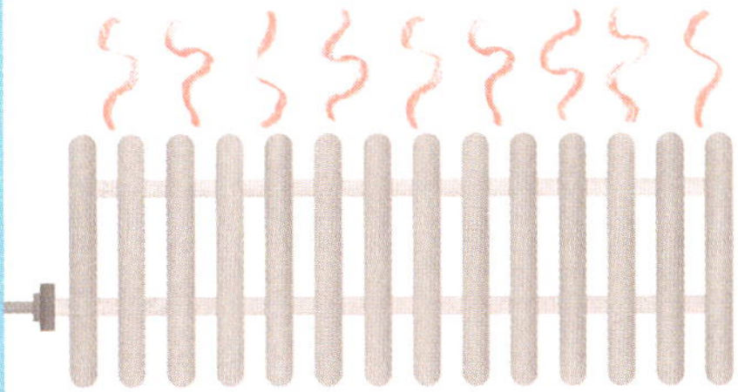

Eine Studie in Norwegen kam zu folgendem Ergebnis: Wenn Menschen energiesparende Heizungen in ihren Wohnungen installierten, ließen sie anschließend die Heizungen länger eingeschaltet. So wurden die erzielten Einsparungen zum größten Teil wieder verheizt.

In Chicago untersuchten Wissenschaftler ein Hochhaus, in dem die Beleuchtung von altmodischen Glühlampen auf Energiesparlampen umgestellt wurde. Sie stellten fest, dass die Hausbewohner jetzt viel mehr Leuchtmittel verwendeten. Leider verbrauchte das gesamte Hochhaus im Endeffekt genauso viel Energie wie zuvor.

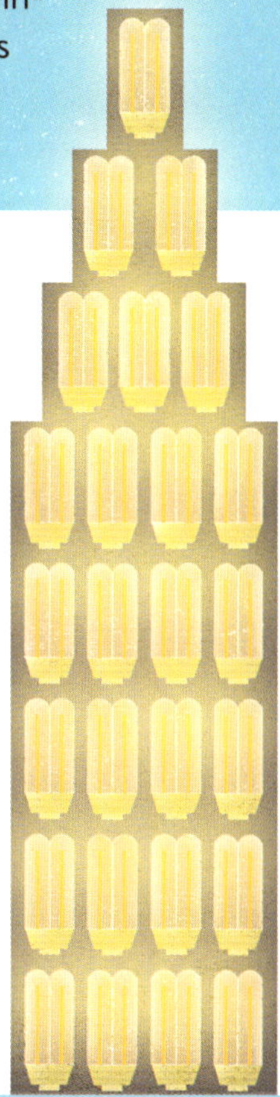

Manchmal verbrauchen ganze Länder trotz oder wegen energiesparender Geräte am Ende viel mehr Energie.

Wenn Straßen asphaltiert sind, verbrauchen Autos weniger Treibstoff. Dadurch werden auch weiter entfernte Orte leichter erreichbar. Viele Menschen ziehen aus den Stadtzentren in die immer größer werdenden Vororte, die eine lange, energiefressende Autofahrt von ihren Arbeitsplätzen entfernt liegen.

Aber das ist ja schrecklich! Ich dachte, Fahrradfahren wäre GUT.
Ist es auch! Und du solltest auch weiter mit dem Fahrrad zur Arbeit fahren. Wir müssen mit unseren Energieeinsparungen jedoch *sehr vorsichtig* umgehen. Wir wollen sie nicht sorglos wieder verspielen.
IPCC

Verschiedene Meinungen

Es gibt UNGLAUBLICH VIELE verschiedene Ansichten über die Klimakrise. Wenn sich die Menschen nicht einigen können, erfordern alle Veränderungen viel Zeit und Mühe. Die **Politik** versucht, verschiedene Meinungen aufeinander abzustimmen.

1. Debatte: Was ist mit allen anderen Problemen?

Politiker lösen Probleme, indem sie miteinander **debattieren**. Hier geht es um die Frage, welches Problem man zuerst angehen sollte.

Aber Frau Ministerpräsidentin, sehen Sie denn nicht, wie wichtig diese CO_2-Steuern sind?
Das sehe ich, aber Erziehung, Gesundheitspolitik, Unterstützung für Arbeitslose und Flüchtlinge sowie die Sicherheit unserer Bürger sind auch wichtig. Lassen Sie uns erst diese Fragen lösen.

2. Debatte: Was sollen wir also tun?

Wenn Menschen Vorschläge zur Lösung der Klimakrise machen, denken sie oft nur an die Aspekte, die sie für wichtig halten.

Manche Menschen wollen, dass die Regierungen die Steuern anheben. Das ist ihre Lösung.

Andere finden niedrigere Steuern besser. Das ist ihre Meinung, wie die Krise gelöst werden sollte.

Und vielen sind ganz andere Themen wichtig.

Erhöht die Steuern für Ölfirmen so stark, dass sie Pleite machen. Das stoppt alle Emissionen.
Das ist doch idiotisch! Wir finden niemals neue Technologien, wenn wir Unternehmen zu hoch besteuern.
Wenn wir Tieren dieselben Rechte zusprächen wie Menschen, würden wir die Welt besser behandeln.

3. Debatte: Wie kann ich dich überzeugen?

Du bist der Ansicht, dass die Klimakrise wichtig ist, und hast genaue Vorstellungen, was zu tun ist. Aber nicht alle stimmen darin überein, wie man am besten auf sich aufmerksam macht.

HUUP!
HUUP!
HUUP!
HUUP!
Ich blockiere die Straße! Dadurch werden die Menschen aufmerksam. Sie erkennen, dass wir etwas tun müssen, und zwar JETZT!
Aber ich darf nicht zu spät zur Arbeit kommen. Ich mag Menschen wie DICH nicht, die MIR sagen, was ich tun soll.
HUUP!
HUUP!
HUUP!
HUUP!
HUUP!
HUUP!

4. Debatte: Müssen wir überhaupt etwas tun?

Manche Regierungen sehen überhaupt keine Notwendigkeit, dass ihr Land etwas verändern oder zum Vorteil des weltweiten Klimas Einschränkungen hinnehmen sollte. Sie mögen es *ebenfalls* nicht, wenn man ihnen sagt, was sie tun sollen.

Ihre Regierung muss die Waldbrände unter Kontrolle bringen! Sonst verlieren wir den gesamten Regenwald!
Die Wälder gehören UNS. Kein Land der Welt kann über uns urteilen. Übrigens, IHR habt die Ökosysteme in EUREM eigenen Land bereits vor vielen Jahren zerstört!
ANSPRACHE DES PRÄSIDENTEN

Viel Geld, großer Gewinn

Es gibt nicht nur Politiker, die auf Kosten der Zukunft große Gewinne machen wollen, sondern auch Unternehmen und Einzelpersonen. Viele Jahre lang haben Ölkonzerne geleugnet, dass die Klimakrise ein Problem ist, weil es sie Geld gekostet hätte, etwas dagegen zu tun.

Bereits in den 1950er-Jahren war bekannt, dass die CO_2-Emissionen aus der Nutzung fossiler Brennstoffe zur Erwärmung der Erde führen würden.

Wissenschaftler erkannten, welche Schäden die Klimakrise anrichten würde – und wie dringend etwas unternommen werden müsste.

Was soll ich mit diesem Bericht machen? Die Ergebnisse sind wirklich erschreckend.
Davon darf niemand etwas erfahren!

Die Ölkonzerne verdienten so viel Geld, dass sie überhaupt kein Interesse daran hatten, etwas zu verändern. Stattdessen bezahlten sie für Forschungsprojekte und Werbekampagnen, die das Gefühl von Sicherheit verbreiteten und das Problem der Klimakrise leugneten.

Wir müssen etwas unternehmen!
Es gibt keinerlei Gründe, alarmiert zu sein.

Außerdem spendeten die Konzerne Politikern Geld für ihre Wahl. Diese zeigten sich erkenntlich, indem sie gegen Gesetze zur Reduzierung fossiler Brennstoffe stimmten.

Das ist oft nicht einmal gesetzeswidrig – alle Personen oder Unternehmen können versuchen, Regierungen davon zu überzeugen, etwas zu tun. Diese Vorgehensweise wird **Lobbyismus** genannt.

Wenn Sie dieses Gesetz verhindern, verspreche ich Ihnen eine Million Dollar und viele neue Arbeitsplätze für Ihre Wähler.
Alles klar!

Nur den Ölkonzernen die Schuld zu geben, ist allerdings zu einfach. Wir sind alle Teil eines größeren Systems, in dem Profit und billige Energie mehr wert sind als die Zukunft unseres Planeten.

Wir liefern die billige Energie, die die Leute haben wollen. Wir schaffen Arbeitsplätze UND zahlen bestimmten Leuten einen Haufen Geld.
Wir geben allen, worum sie uns bitten! Es ist wirklich nicht UNSERE Aufgabe, das zu ändern.

Ölkonzerne machen immer noch enorme Gewinne, indem sie fossile Brennstoffe bereitstellen. Der Profit zählt zum Wirtschaftswachstum. In den meisten wachstumsorientierten Gesellschaften kann man Unternehmen nicht einfach befehlen, auf saubere Energie umzustellen, wenn sie dadurch Einnahmen verlieren.

So muss es aber nicht sein. Regierungen können die Anreize anpassen, damit es attraktiver wird, keine fossilen Brennstoffe zu fördern. Sie können zudem erneuerbare Energien günstiger anbieten.

Im Gegenzug können *wir* die politisch Verantwortlichen WÄHLEN, die diese Änderungen umsetzen. Das betrifft nicht nur die Energie, sondern ALLE Aspekte der Wirtschaft und des Lebens.

Geben Sie mir Ihre Stimme?
Führen Sie eine CO_2-Steuer ein?

Das heißt, dass wir uns einige sehr entscheidende Fragen stellen müssen. Können wir uns überhaupt ändern? Und wenn ja, *wie* wollen wir uns ändern? Wie sollen unser politisches System, unsere Wirtschaft und unsere Gesellschaft aussehen?

Das sind WICHTIGE Fragen über unsere Grundwerte. Ich weiß gar nicht, wo ich anfangen soll.
Der bloße Gedanke daran macht mich ganz schwindelig.

Welche Bedeutung haben unsere Werte?

Die Themen, die wir für wichtig halten, machen unsere **Werte** aus. Sie prägen die Art und Weise, wie wir den Planeten und uns gegenseitig behandeln. Welche Werte sollten wir *deiner* Meinung nach beibehalten? Und welche sollten wir ändern?

Okay. Wie finde ich meine Werte heraus?
Du kannst dir selbst bestimmte Fragen stellen, zum Beispiel: Wenn die Erde sprechen könnte, was würde sie sagen?

Auf derartige Fragen gibt es keine richtige Antwort. Sie sind jedoch ein guter Ansatz, um darüber nachzudenken und mit anderen zu diskutieren, was für dich oder euch am Wichtigsten ist. Weitere Fragen sind:

Welches Verhältnis haben wir zu unserer Erde?
Ist es richtig, in die Natur einzugreifen, oder sollten wir sie lieber in Ruhe lassen, falls wir etwas zerstören könnten?
Ist die Natur schwach und braucht sie unseren Schutz? Oder ist sie stark und brauchen wir Schutz vor ihr?
Wie sollen unsere Städte in Zukunft aussehen?
Sollen wir Tieren Rechte geben? Wie sieht es mit Ozeanen und Wäldern aus?

Wie soll ich leben?

- Wie viele neue Sachen brauche ich? Brauche ich alles, was ich besitze?
- Wo soll ich leben? Was soll ich arbeiten?
- Wie soll ich mich und andere weiterbilden?
- Welche Menschen sind Vorbilder für mich?
- Soll ich Fleisch essen?

Wie sieht die ideale Gesellschaft aus?

- Wie viel Zeit und Geld sollen wir in Menschen investieren, die erst in vielen Jahrzehnten geboren werden?
- Was sollen wir tun, wenn die politisch Verantwortlichen etwas tun, womit wir nicht einverstanden sind?
- Wie findet man das richtige Gleichgewicht zwischen Regeln, die Menschen davon abhalten, negative Dinge zu tun, und der Freiheit der Menschen, selbst zu entscheiden?
- Wer kümmert sich um Länder und Menschen in Not?
- Wie ist unser Verhältnis zu Technologie? Sehen wir sie als größte Hoffnung oder als Fluch oder irgendwo dazwischen?

5. Kapitel: Was kannst *du* beitragen?

Du hast jetzt viel über die Klimakrise erfahren. Aber wie kannst du diese Informationen anwenden? In diesem Kapitel geben wir DIR Ideen an die Hand, wie du einen persönlichen Aktionsplan erstellen kannst.

Jedem fällt es schwer, etwas zu verändern. Der erste Schritt besteht darin, tief durchzuatmen und für dich zu entscheiden, dass du etwas ändern willst. Das ist gut! Es bedeutet, dass du an einer besseren Zukunft für alle mitarbeitest.

Okay! Wohin stellen wir die 1000 Windräder?

Erreichbare Ziele

Bevor du deine Veränderungen in Angriff nimmst, denk daran:
Was eine EINZIGE Person erreichen kann, hat Grenzen.
Sei nachsichtig mit dir selbst und setz dir Ziele,
die du auch erreichen kannst.

Ich werde die Steuern für fossile Brennstoffe erhöhen und das Geld in erneuerbare Energie investieren.
Hmm ... ein Lob für deine Begeisterung, aber vielleicht musst du dir *kleinere* Projekte vornehmen, Ben. Nur Regierungen können Steuern anheben.

Viele der Lösungen, die du in diesem Buch entdeckt hast, sind sehr umfangreich, aber die meisten Einzelbeiträge fangen klein an und bleiben auch klein. Was *du* tun kannst, hängt von folgenden Faktoren ab.

Dein Alter

In diesem Kapitel findest du Vorschläge, die für beinahe ALLE Altersgruppen machbar sind.

Einige Dinge kannst du aber erst tun, wenn du ein bestimmtes Alter erreicht hast.

Ich kann erst wählen, wenn ich 18 bin, aber ich KANN einen Brief mit meinen Ideen an die Politiker meiner Stadt schicken.

Wenn du noch jünger bist (aber oft auch, wenn du erwachsen bist), musst du bestimmte Personen um Erlaubnis oder um Hilfe bitten.

Papa, kann ich einen Gemeinschaftsgarten anlegen, um Gemüse anzubauen?
Ja, aber nur, wenn ich dir dabei helfen darf.

Wo du dich aufhältst

Wo verbringst du die meiste Zeit? Dort könntest du damit beginnen, etwas zu verändern.

Wir wollen einen Plan machen, wie wir unserem Planeten von zu Hause aus helfen können.

Auf der nächsten Seite findest du Ideen dafür.

Wie viel Einfluss du hast

Manche Menschen haben Berufe, die viele Möglichkeiten bieten, um große Veränderungen für den Schutz unserer Erde durchzusetzen.

Als Politikerin KANN ich die Steuern für Unternehmen, die mit fossilen Brennstoffen handeln, erhöhen und das Geld in erneuerbare Energie investieren!
Das war doch meine Idee ...

Menschen mit *weniger* Einfluss haben also die Aufgabe, diejenigen mit *mehr* Macht zum Handeln zu bewegen. Viele glauben, dass Spitzenvertreter aus Wirtschaft, Wissenschaft und Politik sowie Unternehmen MEHR Verantwortung für die Zukunft unseres Klimas übernehmen sollten.

Wenn du dir Gedanken über deine Zukunft machst, dann setz dir ruhig hohe Ziele. Es gibt viele kleine Dinge, die du bereits JETZT tun kannst.
Verstanden!
Vielleicht kann ich EINES TAGES doch mal die Steuern anheben ...

Tipps für zu Hause

Hier findest du ein paar umsetzbare Änderungen, die *du* vorschlagen könntest, um den CO_2-Abdruck deiner Familie zu reduzieren. Du kannst vielleicht nicht alleine bestimmen, was davon gemacht wird, aber es schadet nicht, Vorschläge einzubringen und so viel wie möglich umzusetzen.

Entscheidungen mit GROSSER WIRKUNG sind …

1. weniger fliegen 2. weniger Auto fahren
3. einen Ökostrom-Anbieter wählen
4. weniger Fleisch essen

Ups!

Wenn du dich einmal für eine Veränderung entschieden hast, solltest du dich auch daran halten. Durch klare Ziele wird dir das viel leichter fallen.
Ich habe beschlossen, dass ich nicht mehr mit dem Flugzeug fliegen werde. Es ist die größte Veränderung, die ich machen kann, um meinen CO_2-Abdruck zu verringern.

Danis praktische Tipps zur Reduzierung von Emissionen durch Verkehrsmittel

- Verzichte auf Autofahrten. Nimm Zug, Bus oder Fahrrad oder geh zu Fuß, so oft es geht.
- Mach Urlaub in deiner Heimat und erkunde das Angebot vor Ort.
- Mach Radausflüge in deine nähere Umgebung.
- Fahr mit dem Zug, anstatt mit dem Flugzeug zu fliegen.
- Überzeuge deine Familie, nach Möglichkeit ein Elektroauto anzuschaffen.

Ich esse jetzt nur noch ZWEIMAL pro Woche Fleisch. Es fehlt mir gar nicht so sehr, wie ich gedacht habe. Diese fleischlosen Hamburger schmecken total gut!

Es ist nicht notwendig, sofort auf alles zu verzichten. Setz dir Ziele, die für dich machbar sind.

Schreib in einer Liste auf, was du ändern willst.
Hier sind die Listen, die Dani und Ben an den Kühlschrank gepinnt haben:

GRETA 4-EVER

Essen für die Umwelt

- Denk daran: 30 % unseres CO_2-Abdrucks werden durch unsere Ernährung erzeugt.
- Weniger Fleisch und Milchprodukte essen. Suche online nach Alternativen, die bei der Produktion weniger Emissionen erzeugen.
- Weniger Abfall, mehr auf den Kompost. Nicht zu viel einkaufen und nicht mehr auf den Teller füllen, als du essen kannst.
- Regionale Produkte kaufen. Lies auf der Verpackung nach, woher die Lebensmittel kommen.

Weniger verbrauchen und mehr genießen

- Kleider und Bücher im Secondhandladen kaufen. Weggeben, was du nicht mehr brauchst.
- Denk bei allem, was du kaufst, an den CO_2-Abdruck. Kommen die Dinge von weit her?
- Kauf nur etwas, wenn du es wirklich brauchst. Kannst du es mehr als einmal nutzen? Besitzt du schon etwas Ähnliches?
- Nutze die Dinge, die du hast, und erfreu dich an ihnen!

Weniger Energie verbrauchen

- Unternimm etwas, das keine Energie verbraucht: Bücher lesen, Brettspiele spielen und dich draußen mit Freunden treffen.
- Auf LED-Lampen umstellen und das Haus besser isolieren.
- Lichter ausschalten und die Heizung niedriger einstellen. Trag einen Pulli, wenn es kalt ist, und zieh nachts den Stecker aus der Steckdose.
- Wäsche bei niedrigeren Temperaturen waschen und draußen aufhängen, statt sie in den Wäschetrockner zu werfen. Lieber duschen als baden.

Tu etwas für die Umwelt und sei stolz auf dich

- Pflanze Bäume im Garten. Lass einige wilde Ecken für Insekten und Bienen.
- Repariere, was kaputt ist, statt etwas neu zu kaufen.
- VERWENDE DINGE WIEDER ODER RECYCLE SIE.

Wenn du mit solchen Veränderungen anfängst, kannst du deine persönlichen CO_2-Emissionen drastisch reduzieren. Wir dürfen keine Zeit mehr vergeuden. Warum fängst du nicht gleich an, deine eigene Liste zu schreiben?

Aktiv mitreden

Als junger Mensch ist man selten in der Position, große Entscheidungen treffen zu dürfen. Es gibt aber Wege, *wie* du mitreden kannst: Setz dich als **Aktivistin** oder **Aktivist** für eine Sache ein.

Schulstreiks

Bei einem Streik weigern sich die Teilnehmer, etwas Bestimmtes zu tun, um ein gemeinsames Ziel zu erreichen. Die schwedische Aktivistin Greta Thunberg traf die mutige Entscheidung, Schulstreiks auf den Weg zu bringen.

!!!
!!!
KLIMAGE-RECHTIG-KEIT!!!
WIR WOLLEN VERÄNDERUNG!
HALTET DIE UMWELT SAUBER
Ich bin freitags nicht mehr zur Schule gegangen, um vor dem schwedischen Parlament zu demonstrieren und zu fordern, dass die führenden Politiker der Welt mehr für den Umweltschutz tun.
Später haben sich MILLIONEN Menschen in der ganzen Welt diesen Streiks angeschlossen, um mit mir zu protestieren.
FREITAGS STREIKEN WIR!

Lokale Projekte

Aktivismus muss nicht immer weltweit Aufmerksamkeit erregen, um erfolgreich zu sein. Du kannst auch mit einem Projekt an deiner Schule oder deinem Wohnort beginnen. Ein Beispiel dafür ist der 15-jährige Lesein Mutunkei aus Kenia, der seine Begeisterung für Sport mit seiner Liebe zu den Wäldern verband:

Ich habe versprochen, dass ich jedes Mal einen Baum pflanze, wenn ich ein Tor geschossen habe.
Ich habe es erst nur allein gemacht. Aber andere Menschen fanden die Idee gut, und so konnte ich die Fußballmannschaft meiner Schule überzeugen, mitzumachen.
Nach zwei Jahren *Trees4Goals* haben wir über 1200 Bäume gepflanzt. Toooor! Kannst du etwas Ähnliches mit deinem Team machen?

Unterschriften sammeln

Starte eine PETITION! Dafür schreibst du eine Bitte oder Beschwerde an politische Verantwortliche, um eine Änderung auf den Weg zu bringen. Ella und Caitlin McEwan aus England schrieben 2019 eine erfolgreiche Petition. Sie waren damals neun und sieben Jahre alt.

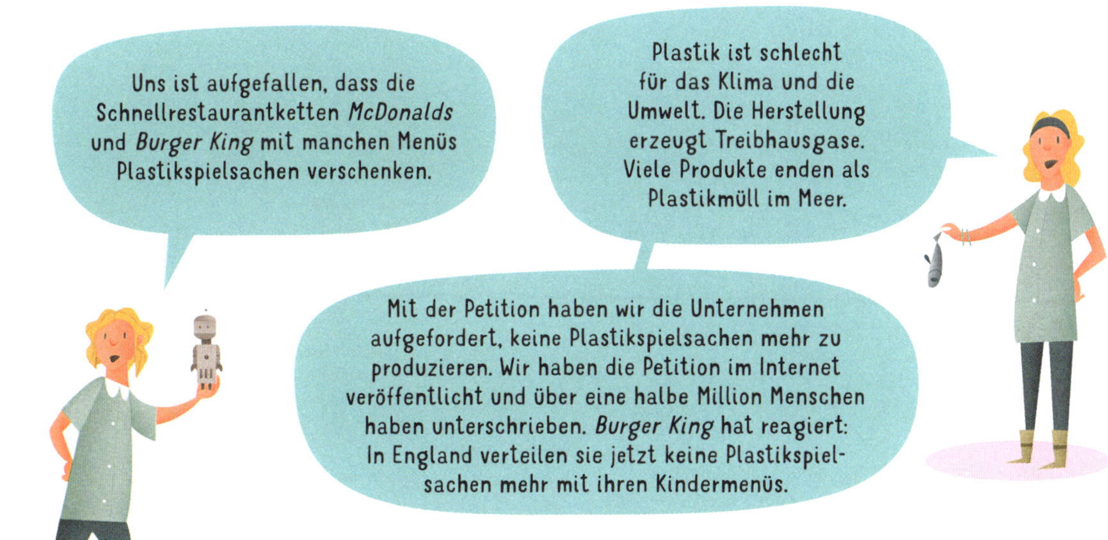
Uns ist aufgefallen, dass die Schnellrestaurantketten *McDonalds* und *Burger King* mit manchen Menüs Plastikspielsachen verschenken.
Plastik ist schlecht für das Klima und die Umwelt. Die Herstellung erzeugt Treibhausgase. Viele Produkte enden als Plastikmüll im Meer.
Mit der Petition haben wir die Unternehmen aufgefordert, keine Plastikspielsachen mehr zu produzieren. Wir haben die Petition im Internet veröffentlicht und über eine halbe Million Menschen haben unterschrieben. *Burger King* hat reagiert: In England verteilen sie jetzt keine Plastikspielsachen mehr mit ihren Kindermenüs.

Diese Beispiele zeigen, dass es mit Hilfe von Freunden und Erwachsenen MÖGLICH ist, etwas zu verändern. Es gibt noch andere Wege ...

Ich schreibe einen Brief an eine Politikerin in meiner Stadt!
Sehr geehrte Frau Baum,
wie Sie wissen, soll der Grünbacher Forst bald abgeholzt werden, um neues Ackerland zu schaffen. Wir brauchen die Landwirtschaft, aber wir brauchen auch Bäume. Sie sind unsere Kohlenstoffsenken.
Ich habe die folgende Idee ...

Wenn du an deinem Wohnort mit irgendetwas nicht zufrieden bist, kannst du an politisch Verantwortliche schreiben. Erkläre, was deiner Meinung nach nicht richtig ist, und schlag eine bessere Idee vor. Das hilft nicht immer, aber zumindest hast du sie dazu gebracht, über das Problem nachzudenken.

Über die Klimakrise sprechen

Sprich mit anderen über die Klimakrise. So kannst du sie vielleicht davon überzeugen, sich ebenfalls für Änderungen einzusetzen. Oder ihr findet zusammen gute Ideen, was ihr noch tun könntet.

Erzähl deinen Freunden und deiner Familie von deinem Plan, wie du deine Emissionen reduzieren willst.

Freu dich darüber, was du tust, und sei positiv. Der Schutz der Umwelt ist eine fröhliche Sache, vor allem wenn du mit anderen gemeinsam daran arbeitest.

Ich möchte lernen, wie ich meine Kleidung flicken kann. Opa, kannst du mir zeigen, wie man näht?

Du hattest recht mit den Veggieburgern, Ben. Die sind superlecker!
Wo gibt es die?

Trau dich, anderen davon zu erzählen. Du wirst dich wundern, wie viele Menschen genauso denken wie du.

Noch besser ist es, wenn dein Vorbild sie dazu anregt, ebenfalls etwas zu unternehmen. Je mehr Menschen etwas tun, desto mehr schließen sich an.

Achte darauf, welche Informationen du weitergibst. Sie müssen korrekt und aktuell sein. Wenn du übertreibst, ist es für Leute mit anderer Meinung viel einfacher, dich zu ignorieren.

Als 2019 große Waldbrände im Amazonas-Regenwald wüteten, wurde ein dramatisches Foto des brennenden Waldes in den sozialen Medien geteilt. Das Foto zeigte jedoch ein anderes Feuer aus einem anderen Jahr. Wegen dieses Fehlers kritisierten viele die Nachricht und ignorierten das Problem daraufhin.

Viele Leute denken über die Klimakrise nicht so wie du. Es ist bei Treffen jedoch nicht zielführend, deshalb mit ihnen zu streiten oder ihnen nur Fakten an den Kopf zu werfen. Manche Menschen werden ärgerlich, wenn du ihre Meinung infrage stellst, und hören dir dann nicht mehr zu. Die folgende Anleitung für produktive Gespräche stammt von der US-amerikanischen Forschungsgruppe *Smart Politics*:

Die Klimakrise ist absoluter QUATSCH! Die Erde wird nicht wärmer.

1. Fragen

Statt mit Gesprächspartnern eine Diskussion anzufangen, wenn sie nicht deiner Meinung sind, stellst du ihnen ehrliche, neugierige Fragen. So verstehst du ihren Standpunkt besser und sie fühlen sich respektiert.

Das ist interessant. Kannst du mir das genauer erklären?

Ja, sicher. Weißt du, dass es VIELE Wissenschaftler gibt, die die ganze Krise für übertrieben halten?

2. Zuhören

Hör ihnen zu und stell Folgefragen.

Und du hast auch deine Zweifel. Wie war das Wetter bei euch in letzter Zeit?

Überhaupt keine Erwärmung! Die letzten beiden Winter waren die kältesten, die ich erlebt habe.

3. Reflektieren

Zeig ihnen, dass du sie verstehst, indem du zusammenfasst, was sie gesagt haben und wie sie denken.

Aha, und du glaubst nicht, dass diese Wetteränderungen etwas mit der Klimakrise zu tun haben?

Genau. Selbst wenn sich das Klima ändert, hat es nichts damit zu tun, wie die Menschen sich verhalten.

4. Zustimmen

Finde einen Aspekt, dem ihr beide zustimmt, und sprecht darüber.

Ich stimme dir zu, dass sich das Klima auf ganz natürliche Weise ändert. Das war schon immer so.

Vielleicht haben sich *einige* Dinge geändert, aber die Demonstranten treiben es viel zu weit.

5. Teilen

Teile deine Meinung mit deinen Gesprächspartnern, indem du ihnen von einer persönlichen Erfahrung erzählst. Hoffentlich hören sie dir jetzt zu.

Weißt du, ich habe angefangen, mich für das Klima zu interessieren als ich ...

Wem kann ich vertrauen?

Diskussionen über die Klimakrise in den Nachrichten, im Internet oder im persönlichen Umfeld können verwirrend sein. Es gibt SO viele Informationen zu dem Thema, dass sich schwer sagen lässt, was wahr ist und was nicht.

Denk kritisch wie ein Wissenschaftler

Du musst bei der Betrachtung von Informationen immer versuchen, dieselben Fragen zu stellen, so wie es ein Wissenschaftler des Weltklimarats tun würde.

Oh nein! In diesem Artikel steht, dass bis zum Jahr 2050 eine Milliarde Menschen an einem Hitzschlag sterben werden.
Das ist schrecklich. Aber stimmt das auch wirklich?

Wenn du Zweifel hast, ob eine bestimmte Information wirklich wahr ist, kannst du diese Fragen stellen.

Ist die Information auf dem neuesten Stand? Wann wurde sie veröffentlicht?

Geben die Autoren Quellen an, die belegen, woher die Information stammt? Wenn sie keine Quellen nennen, haben sie sich die Information vielleicht ausgedacht.

Sind die Autoren Experten für diesen bestimmten Themenbereich? Wenn nicht, dann haben sie sich vielleicht geirrt.

Macht der Autor deutlich, was er nicht weiß oder worüber er unsicher ist? Zu viel Selbstgewissheit ist ein schlechtes Zeichen, besonders wenn es um die Zukunft geht.

Bist du jetzt sicher, dass die Information korrekt ist? Wenn nicht, könntest du weiter nachforschen.

Prüf die Quellen. Wurden die Zitate im richtigen Zusammenhang verwendet?

Überleg dir, wie und warum diese bestimmte Information ausgewählt wurde. Was hat die Autoren veranlasst, gerade diese Information zu nennen?

Stimmen andere Fachleute der Information zu? Sind sie zu denselben Ergebnissen gekommen?

Vielleicht findest du heraus, wer für die Untersuchung bezahlt hat. Versuchen *die Auftraggeber* vielleicht, einen bestimmten Standpunkt durchzusetzen?

Kann ich *mir selbst* vertrauen?

Denk daran, dass deine Meinungen und Werte dich vielleicht dazu bringen, bestimmte Informationen eher zu glauben als andere. Sei also stets offen für alles. Glaub nicht immer nur den Leuten, die der gleichen Meinung sind wie du, sondern hör auch denjenigen zu, mit denen du nicht übereinstimmst.

Schau mal, was ich gefunden habe. Sieht so aus, als hätte der Artikel TATSÄCHLICH übertrieben.
Das ist aber komisch. Er kam von einer Lehrerin, die ich gut finde. Sie interessiert sich sehr für Umweltschutz.
Es wundert mich, dass sie so falsche Informationen weitergegeben hat.

Nur weil du die Ansichten einer bestimmten Person gut findest, heißt das nicht, dass sie recht hat. Hör Menschen respektvoll zu, mit denen du nicht übereinstimmst.

Zu viele Informationen

Es ist nicht gut für die Gesundheit, wenn du zu viel über die Klimakrise liest und hörst und dir zu viele Sorgen machst. Durch das Internet haben wir ständig Zugriff auf Informationen. Das heißt aber nicht, dass du an nichts anderes mehr denken darfst.

Die ganzen Diskussionen ziehen mich total runter. Warum sind die Menschen so stur?
Du hörst dich gestresst an. Willst du eine Pause machen? Wir könnten mit dem Hund spazieren gehen.

Ein gesunder Geist

Zu viele Sorgen wegen der Klimakrise können dich traurig oder wütend machen. Diese Gefühle sind zwar normal, aber nicht besonders angenehm. Je mehr du über die Krise weißt und darüber nachdenkst, desto besser solltest du auf deine Gefühle achten. Versuch, eine positive Einstellung zu behalten.

Hier sind ein paar negative Gedanken und Anregungen, wie du auf positive Weise mit ihnen umgehen kannst:

Ich habe Angst. Werden wir Menschen aussterben?

Nein, das werden wir nicht. Wir haben die Hilfsmittel, die wir zum Überleben brauchen. Die Krise wird für viele Menschen gefährlich werden, aber beinahe alle Experten meinen, dass ein Aussterben der Menschheit äußerst unwahrscheinlich ist.

Ich bin traurig und niedergeschlagen. Es geschehen SO viele schlimme Dinge, die unsere Umwelt zerstören.

Das stimmt. Aber es geschehen auch so viele gute Dinge. Viele Menschen arbeiten derzeit daran, das Klima zu retten. Uns ist es in der Vergangenheit auch gelungen, andere Umweltprobleme zu bewältigen, wie zum Beispiel den sauren Regen.

Die Situation ist hoffnungslos. Ich fahre mit dem Fahrrad zur Schule und verschwende kein Essen mehr, aber die Krise geht immer weiter.

Es ist frustrierend, aber das Verhalten EINER Person kann nicht die ganze Welt verändern. Trotzdem ist es wichtig, was du tust, denn viele andere machen es auch so. Und wenn viele gemeinsam etwas ändern, wird sich auch das Klima verbessern. Also, gib nicht auf!

Ich fühle mich schuldig, weil ich nicht genug unternehme.

Was DU tun kannst, hat immer Grenzen. Denk daran, dass die Menschen mit der größten MACHT auch am MEISTEN verändern können.

Selbstfürsorge

Wenn du Angst hast, traurig oder wütend bist, gibt es Wege, wie du diese Gefühle bewältigen kannst – so wie du eine Wunde behandelst, damit sie wieder heilt. Psychologen sprechen von **Bewältigungsstrategien**.

Ben macht sich große Sorgen um die Krise. Du vielleicht auch. Als Bewältigungsstrategie könntest du ...

... aus Gedanken Taten werden lassen

Das kann zweierlei bedeuten: Aktivitäten, die dir Spaß machen und die nichts mit der Krise zu tun haben, sind eine hervorragende Ablenkung von belastenden Gedanken.

Verwandle deine Sorgen in sinnvolle Taten. Tu etwas, das gut für die Umwelt ist. Dadurch hast du eher das Gefühl, dass du die Situation im Griff hast.

... achtsam sein

Wenn dir viele Dinge durch den Kopf gehen, vergisst du leicht, was um dich herum vorgeht. Achtsam sein bedeutet, etwas Schönes und Erfüllendes zu tun und dich ganz auf den gegenwärtigen Augenblick zu konzentrieren. Die Konzentration auf die Gegenwart kann beruhigende und entspannende Stoffe im Gehirn freisetzen.

... reden

Wenn du mit deiner Familie und deinen Freunden darüber redest, wie du dich fühlst, bist du nicht mehr allein mit deinen Gefühlen.

Wenn du dir oft Sorgen machst, sprich mit einem Erwachsenen, dem du vertraust. Vielleicht kann er oder sie dir dabei helfen, besser mit deinen Sorgen zurechtzukommen.

Ach, du tust mir leid, Ben! Ich weiß genau, wie du dich fühlst, und es ist nicht schön. Komm in den Garten, damit wir dich etwas aufmuntern können.
#Seufz!

Was hält dich zurück?

Fehlt dir der Schwung, etwas Bestimmtes zu tun, dann helfen dir vielleicht die Fragen und Antworten auf dieser Seite, um herauszufinden, was dir im Weg steht. Blättere danach um und lies, wie du diese Hürden überwinden kannst.

Psychologen haben DREI Hürden erkannt, die Menschen davon abhalten, einen Plan in die Tat umzusetzen.

Wenn du nicht über die erforderlichen Kenntnisse oder Fähigkeiten verfügst, ist das die sogenannte Hürde der **FÄHIGKEIT**. Vielleicht steht dir dabei dein Gehirn im Weg ...

Vergisst du immer wieder, es zu tun oder wie es geht?

Weißt du, wie es geht?

Kannst du dich nur schwer konzentrieren?

Fällt es dir schwer, Entscheidungen zu treffen?

... oder vielleicht dein Körper.

Hast du nicht genug Kraft, um etwas hochzuheben?

Bist du verletzt oder fühlst dich nicht gut?

Bist du zu klein, um an etwas dranzukommen?

Bist gegen etwas allergisch?

Hmm ... ich kann mich nicht entscheiden, was für einen Baum ich pflanzen soll.

Wenn ich zu Fuß zur Arbeit gehe oder mit dem Fahrrad fahre, wird mein Heuschnupfen schlimmer. Schnief!

Bei der Hürde der **MOTIVATION** stehen dir deine Gefühle im Weg ...

... oder ein bestimmter Gedanke hemmt dich.

Fühlst du dich gestresst?

Fürchtest du, dass du Ärger bekommst?

Hast du Angst oder bist nervös?

Denkst du, dass es nicht klappt?

Denkst du, dass du nicht gut genug bist?

Denkst du, dass es vielleicht gar nicht so wichtig ist?

Recycling? Wozu denn überhaupt?
Recycling
Restmüll

Wenn etwas anderes dich abhält, ist das die Hürde der **GELEGENHEIT**. Dabei kann es sich um Regeln oder soziale Einflüsse handeln ...

... oder um ein Problem in deinem Umfeld.

Haben deine Eltern gesagt, dass du es nicht darfst?

Werden deine Freunde sich über dich lustig machen?

Bist du alt genug?

Wohnst du zu weit weg?

Hast du alles, was du brauchst?

Ist es zu teuer?

€€€

Oft ist es eine KOMBINATION aus mehreren Hürden, die Menschen davon abhält, einen Plan in die Tat umzusetzen. In Bezug auf Enofes Heuschnupfen könntest du zum Beispiel sagen, dass seine Allergie das Problem ist (Hürde der Fähigkeit). Vielleicht ist aber auch der Pollenflug das Problem (Hürde der Gelegenheit).

Hürden überwinden

Wenn du herausgefunden hast, was dich davon abhält, etwas zu tun, kannst du dir mit einem der folgenden Tricks helfen. Aber nicht jeder Trick eignet sich für jede Hürde.

Informiere dich

Wenn du nicht weißt, wie etwas geht, kannst du es lernen. Übe es so lange, bis du es gut kannst.

Und so nähst du einen Knopf an!

Belohne dich

Eine Belohnung für ein bestimmtes Verhalten kann dich motivieren, mit etwas zu beginnen oder weiterzumachen. Vielleicht fühlt es sich dann eher wie ein Spiel und nicht so sehr wie eine Pflicht an.

Ich belohne mich mit einem Keks, WENN ich diesen Forschungsbericht gelesen habe.
BERICHT

Setz dir Grenzen

Stell dir selbst Regeln auf, damit du eine bestimmte Sache nicht zu oft oder zu lange machst. Setz die Regeln niedrig an, dann kannst du sie leichter einhalten.

Ich mache in diesem Jahr HÖCHSTENS eine Flugreise. Wenn ich öfter fliege, dann gibt es im nächsten Jahr NULL Flüge.

Finde ein Vorbild

Arbeite auf ein Ziel hin. Suche dir dazu ein Vorbild – etwas, das du bewunderst, oder jemand, der so ist, wie du einmal sein möchtest.

Oh, wow! So soll unser Garten auch einmal aussehen.

Verändere dein Umfeld

Sieh dich in deiner Wohnung um. Hält dich dort irgendetwas davon ab, deine geplanten Veränderungen durchzusetzen?

Unsere neue Komposttonne ist klasse! Jetzt brauchen wir KEINEN Biomüll mehr in den Restmüll zu werfen.

Bitte um Hilfe und Unterstützung

Es ist keine Schande, sich helfen zu lassen. Die Hilfe kommt manchmal von einzelnen *Personen* ...

Du schaffst das, Ben!
Übe deine Rede mit uns.
Zitter!
Zitter!
Zitter!

... oder von einer *Sache.*

Diese Allergietabletten lindern fast alle meine Heuschnupfenbeschwerden!

Mach dir keine Sorgen, wenn diese Tricks nicht funktionieren. Manchmal sind die Hürden einfach zu HOCH, um sie zu überwinden, und das ist okay.

Erfahrungen aus einer anderen Krise

Die Klimakrise ist nicht die einzige Herausforderung, der unsere Welt gegenübersteht. Was können wir aus der Corona-Pandemie lernen?

Lektion 1: Wir können tatsächlich viel ändern …

Als immer mehr Menschen erkrankten, handelten die Regierungen vieler Länder sehr schnell. Es gelang, das Leben aller drastisch umzustellen. In mancherlei Hinsicht ist das ermutigend für die Klimakrise, denn es zeigt, dass Änderungen möglich sind.

Anfang des Jahres 2020 habe ich DIE GANZE WELT lahmgelegt.
Damit ich mich nicht weiter ausbreite, galten für 90 % aller Menschen auf der Welt Reisebeschränkungen. Beinahe der GESAMTE Reiseverkehr kam zum Stillstand.
Schulen und Arbeitsstätten wurden geschlossen. Viele Leute blieben *monatelang* zu Hause.

… aber ist das genug?

Die Lockdowns 2020 und 2021 führte zu einem starken Absinken der verkehrsbedingten Emissionen. Das hört sich gut an, aber es ist auch Anlass zur Sorge, da die Emissionen gar nicht mal *so* stark absanken. Als die Beschränkungen gelockert wurden, nahmen die Emissionen rasch wieder zu.

Um die Emissionen langfristig zu reduzieren, ist es nicht genug, nur weniger zu fliegen und weniger Auto zu fahren.
IPCC
GROSSE strukturelle Veränderungen sind genauso wichtig. Das gilt insbesondere für die Frage, wie wir unsere Energie erzeugen.

Lektion 2: Bessere Vorbereitung

Viele Experten haben das Auftreten einer Pandemie vorausgesagt. Sie wussten nur nicht, wann sie kommen würde. Wären wir besser mit der Situation fertiggeworden, wenn wir uns besser darauf vorbereitet hätten? Warum ist es so schwierig, für einen Katastrophenfall vorauszuplanen?

Unsere Pläne für die Zukunft müssen FLEXIBEL sein, damit wir auch auf unvorhergesehene Situationen reagieren können. Die Klimakrise hält viele Überraschungen für uns bereit.
Niemand will darüber nachdenken, was passiert, wenn der Permafrostboden zu stark taut. Wir brauchen aber einen Plan, falls es doch passiert.
IPCC
IPCC

Lektion 3: Ausblick auf eine andere Zukunft

Der Ausbruch der Corona-Pandemie war für Millionen Menschen eine schreckliche Erfahrung. Die plötzlichen Umstellungen, zu denen wir gezwungen waren, haben uns aber auch verdeutlicht, wie die Welt aussehen könnte.

Saubere Städte ohne Autos sind viel schöner.
Ich hätte nie gedacht, dass die Menschen sich gegenseitig so gut helfen würden.
Welche Veränderungen hast DU festgestellt, die hoffentlich auch nach der Krise bestehen bleiben?

Wie geht es weiter?

Nach dem Lesen dieses Buches hast du alles in der Hand, um dir die Zukunft so vorzustellen, wie DU sie dir wünschst. Vielleicht hast du jetzt auch einen besseren Überblick, wie du deine Ideen verwirklichen kannst.

Die Klimakrise ist Wirklichkeit. Sie hat die Welt um uns herum bereits verändert.

Papa sieht so glücklich aus. Wie schön, dass wir das alles gemeinsam tun.
GEMEINSCHAFTSGARTEN
GROSSE ERÖFFNUNGSPARTY!

Sie wird Teil unserer Zukunft sein. Wir können jedoch noch entscheiden, *wie hoch* ihr Anteil daran sein wird.

Es wird nicht leicht werden. Ein Zaubermittel, mit der sich die Klimakrise in Luft auflöst, gibt es nicht. Wir müssen stattdessen VIELES in Angriff nehmen.

Die gute Nachricht ist, dass wir wissen, was wir alle zu tun haben. Außerdem haben wir das Fachwissen, das wir dafür brauchen.

Aber werden wir uns ändern?

Die Zukunft gehört den jungen Leuten.

Steht auf! Wir kommen zu spät zur Party.

Aber schon heute kann *jeder* Mensch Entscheidungen treffen. Wie soll unsere Zukunft aussehen?

Wie können wir zusammenarbeiten, um unsere Ziele zu erreichen? Wie können wir zuhören, dazulernen und vieles *besser machen*?

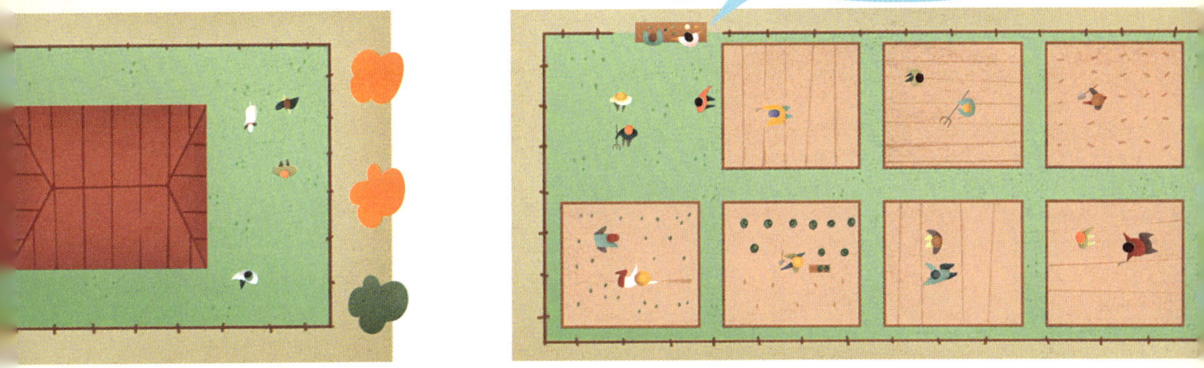
Willkommen in unserem Gemeinschaftsgarten!

Wie groß die Herausforderungen auch erscheinen mögen, lass dich nicht entmutigen. Wir können alle unseren Beitrag leisten, um die Krise zu bewältigen.

Wir müssen unsere Erde schützen.

IPCC
FREITAGS STREIKEN WIR!

Sie ist wunderschön und einzigartig.

Sie ist unser einziges Zuhause

Worterklärungen

Hier werden einige Begriffe erklärt, die in diesem Buch vorkommen. Wörter in *Schrägschrift* haben einen eigenen Eintrag.

Albedo: Das Rückstrahlvermögen von Oberflächen.
Anpassung: Eine Veränderung, um besser für das Leben in einer bestimmten Umwelt geeignet zu sein.
Anreiz: Alle Maßnahmen, die Menschen anregen, bestimmte Entscheidungen zu treffen.
Atmosphäre: Eine dünne Schicht aus Gasen, die die Erde umgibt.
Aufforsten: Neue Bäume pflanzen, um abgeholzte Wälder zu ersetzen.
CO_2-Abscheidung und -Speicherung: Alle Systeme, die *Treibhausgase* aus der *Atmosphäre* entfernen oder sie daran hindern, in die Atmosphäre zu gelangen.
CO_2-neutral: Wenn etwas insgesamt genauso viel *Kohlendioxid (CO_2)* aufnimmt (absorbiert) wie es abgibt (emittiert).
Emission: Das Ausstoßen von Schadstoffen in die Umwelt, zum Beispiel das *Treibhausgas Kohlendioxid (CO_2)*.
Erderhitzung: Rasanter und gleichzeitiger weltweiter Anstieg der durchschnittlichen Temperaturen aller Bereiche des *Klimasystems*.
fossile Brennstoffe: Brennstoffe wie Kohle, Erdöl und Erdgas, die aus fossilen Überresten von Organismen entstanden sind und zur Erzeugung von Energie genutzt werden.
Gletscher: Riesige Eismasse in den Polargebieten oder Gebirgen. Gletscher speichern derzeit 70 % des Süßwassers auf der Erde.
Klima: Das Wetter in einem bestimmten Gebiet der Erde über einen längeren Zeitraum hinweg.
Klimasystem: Alle Bereiche, die gemeinsam auf das *Klima* einwirken: *Atmosphäre*, Ozeane, Böden, Gesteine, Eis und Schnee, Pflanzen, Tiere, Menschen.
Kohlendioxid (CO_2): Ein Gas, das unter anderem bei der Atmung, der Verbrennung *fossiler Brennstoffe* oder der Verrottung von Organismen entsteht.
Kohlenstoff: Ein chemisches Element, das man in allen Lebewesen finden kann.
Kohlenstoffsenken oder Kohlenstoffspeicher: Lebensräume, die über einen längeren Zeitraum große Mengen *Kohlenstoff* aufnehmen und so den *Treibhauseffekt* abschwächen, zum Beispiel Permafrostböden, Wälder, Moore und Ozeane.
Krise: Der Höhepunkt einer länger andauernden deutlichen Störung eines Systems (zum Beispiel des Klimas), in dem schwierige und wichtige Entscheidungen getroffen werden müssen.
nachhaltig: Prinzip, nach dem nicht mehr verbraucht werden darf als nachwachsen oder wieder bereitgestellt werden kann.
saubere Energie: Energie, deren Erzeugung weder die Umwelt noch das *Klima* belastet, zum Beispiel Windkraft oder Solarenergie.
Schadensminderung: Alle Maßnahmen, mit denen die Einflüsse der Klimakrise reduziert werden.
Treibhauseffekt: Die Wirkung von *Treibhausgasen* in der *Atmosphäre* auf die Temperatur der Erde.
Treibhausgase: Alle Gase in der *Atmosphäre*, die zum *Treibhauseffekt* beitragen. Sie können sowohl natürlichen als auch menschlichen Ursprungs sein.
Umweltverschmutzung: Alle schädlichen Stoffe, die durch menschliches Handeln in die Umwelt abgegeben werden.
Weltklimarat (IPCC): Intergovernmental Panel on Climate Change; ein zwischenstaatlicher Ausschuss, der die Forschungen zur Klimaänderung auswertet und mögliche Lösungen vorschlägt.

Stichwortverzeichnis